"ධම්මෝ හි වාසෙට්ඨා, සෙට්ඨෝ ජනේතස්මිං
දිට්ඨේ චේව ධම්මේ, අභිසම්පරායේ ච."

වාසෙට්ඨයෙනි, මෙලොවෙහි ත්, පරලොවෙහි ත්
ජනයා අතර ධර්මය ම ශ්‍රේෂ්ඨ වෙයි !

- අග්ගඤ්ඤ සූත්‍රය - භාග්‍යවත් බුදුරජාණන් වහන්සේ

නුවණ වැඩෙන බෝසත් කථා - 22
ජාතක පොත් වහන්සේ
(බීරණත්ථම්භක වර්ගය)

පූජ්‍ය කිරිබත්ගොඩ ඤාණානන්ද ස්වාමීන් වහන්සේ

© සියලුම හිමිකම් ඇවිරිණි.

ISBN : 978-955-687-137-1

ප්‍රථම මුද්‍රණය : ශ්‍රී බු.ව. 2561 ක් වූ බිනර මස පුන් පොහෝ දින

සම්පාදනය : මහමෙව්නාව භාවනා අසපුව
වඩුවාව, යටිගල්ඔළුව, පොල්ගහවෙල.
දුර : 037 2244602
info@mahamevnawa.lk | www.mahamevnawa.lk

පරිගණක අකුරු සැකසුම, පිටකවර නිර්මාණය සහ ප්‍රකාශනය :
මහාමේඝ ප්‍රකාශකයෝ
වඩුවාව, යටිගල්ඔළුව, පොල්ගහවෙල.
දුර : 037 2053300, 076 8255703
mahameghapublishers@gmail.com

මුද්‍රණය : තරංජි ප්‍රින්ට්ස්,
506, හයිලෙවල් පාර, නාවින්න, මහරගම.
ටෙලි: 011-2801308 / 011-5555265

නුවණ වැඩෙන
බෝසත් කථා - 22
ජාතක පොත් වහන්සේ
(බීරණත්ථම්භක වර්ගය)

සරල සිංහල පරිවර්තනය

පූජ්‍ය කිරිබත්ගොඩ ඤාණානන්ද
ස්වාමීන් වහන්සේ

මහාමේඝ
MAHAMEGHA

ප්‍රකාශනයකි

පෙරවදන

ජාතක පොත් වහන්සේ ඔබ කියවලා ඇති. කුඩා අවධියේත්, පාසලේදීත්, සරසවියේත්, පන්සලේ බණ මඩුවේත්, වෙසක් නාඩගමේත් අපි ජාතක කථා රස වින්දෙමු. නමුත් එහි සැබෑ අරුත කුමක් දැයි තේරුම් ගන්නට අප සමත් වූ වගක් නම් නොපෙනේ.

'නුවණ වැඩෙන බෝසත් කථා' නමින් ඒ ජාතක කථා ඔබේම භාෂාවෙන් ඔබට කියවන්නට ලැබෙන්නේ එයින් ඉස්මතු වන අරුතත් සමඟිනි. මෙහි අරුත් දැන එම කථාවත් මතක තබා ගෙන සත්පුරුෂ ගුණධර්ම දියුණු කර ගන්නට මහන්සි ගන්නේ නම් එය ජාතක කථාවෙන් ඔබට ලැබෙන සැබෑම ප්‍රතිඵලයයි.

හැම දෙනාටම තෙරුවන් සරණයි!

මෙයට,
ගෞතම බුදු සසුන තුළ මෙත් සිතින්,
පූජ්‍ය කිරිබත්ගොඩ ඤාණානන්ද ස්වාමීන් වහන්සේ
ශ්‍රී බුද්ධ වර්ෂ 2560 ක් වූ වෙසක් මස 31 දා

මහමෙව්නාව භාවනා අසපුව
වඩුවාව, යටිගල්ඔළුව,
පොල්ගහවෙල.

පටුන

22. බීරණත්ථම්භක වර්ගය

1. **සෝමදත්ත ජාතකය**
සෝමදත්ත බ්‍රාහ්මණයාගේ කතාව 09

2. **උච්ඡිට්ඨභත්ත ජාතකය**
සොරසැමියා කා ඉතිරි වූ ඉඳුල් සැමියාට දුන්
ගැහැණියගේ කතාව 15

3. **භරු ජාතකය**
අල්ලස් ගත් භරු රජතුමාගේ කතාව 21

4. **පුණ්ණනදී ජාතකය**
පිරුණු නදිය ගැන කතාව 30

5. **කච්ඡප ජාතකය**
කට නිසා වැනසීගිය ඉබ්බාගේ කතාව 34

6. **මච්ඡ ජාතකය**
රාගය නිසා විපතට පත්වෙන්ට ගිය මාළුවාගේ කතාව 40

7. **සෙග්ගු ජාතකය**
සෙග්ගු නමැති සිය දියණියගේ සිල් විමසූ
උපාසකගේ කතාව 44

8. **කූටවාණිජ ජාතකය**
කපටි වෙළෙන්දාගේ කතාව 49

9. **ගරහිත ජාතකය**
කම්සැපයට ගැරහූ වඳුරන්ගේ කතාව 56

10. **ධම්මද්ධජ ජාතකය**
ධර්මධ්වජ බෝසත් පුරෝහිතගේ කතාව 61

නමෝ තස්ස භගවතෝ අරහතෝ සම්මාසම්බුද්ධස්ස
ඒ භාග්‍යවත් අර්හත් සම්මා සම්බුදුරජාණන් වහන්සේට නමස්කාර වේවා!

01. සෝමදත්ත ජාතකය

සෝමදත්ත බ්‍රාහ්මණයාගේ කතාව

පින්වතුනේ, පින්වත් දරුවනේ,

සසර පුරුදු කියන්නේ අපට කිසිසේත් මඟ හැරගන්ට බැරි දෙයක්. අප නොදැනීම අප අතිනුත් සසරේ පුරුදු අත්නොහැරී තිබෙන්ට පුළුවනි. මෙයත් එබඳු කතාවක්.

ඒ දිනවල අපගේ භාග්‍යවතුන් වහන්සේ වැඩ සිටියේ සැවැත්නුවර ජේතවනයේ. ඔය කාලේ ලාලුදායි නමින් තෙරනමක් ජේතවනයේ වාසය කළා. මේ තෙරුන්නාන්සේ බණ කියන්ට හරි භයයි. දෙතුන් දෙනෙක් ඉදිරියේ වුනත් කතා කරන්ට භයයි. දිව පැටලෙනවා. හිතා ගෙන සිටිය එක නොවෙයි කියැවෙන්නේ, ඊට හාත්පසින් ම වෙනස් දෙයක්. ඒ තරම් ම කලබල වෙලා තැතිගන්නවා. හිතාගෙන සිටිය කරුණ අමතක වෙනවා. මේ නිසා ලාලුදායි තෙරුන් බණ ටිකක් කියන්ට කොයිතරම් ආසා කළත් කරගන්ට බැරි වුනා.

දවසක් දම්සභා මණ්ඩපයට රැස් වූ භික්ෂූන් වහන්සේලා මේ ලාලුදායි තෙරුන් බණ කියන්ට හදනවිට

ඇතිවන කලබලය, තැතිගැනීම, කියන්ට සිතා සිටි කරුණු අමතක වීම ගැන කතා කරමින් සිටියා. ඒ අවස්ථාවේ අපගේ භාග්‍යවතුන් වහන්සේ එතැනට වැඩම කොට වදාළා. භික්ෂූන් වහන්සේලා තමන් කතා කරමින් සිටි කරුණ භාග්‍යවතුන් වහන්සේට සැලකළා. භාග්‍යවතුන් වහන්සේ මෙසේ වදාළා.

"මහණෙනි, ලාලුදායි ඔය විදිහට පිරිසක් මැදට ගියවිට කතා කරගන්ට බැරි තරමට තැතිගත්තේ මේ ආත්මේ විතරක් නොවේ. කලින් ආත්මෙත් ඔහොම තමයි. පිරිසක් අතරට ගියවිට කතා කරගන්ට බෑ. කියන්ට හිතා සිටි දෙයට හාත්පසින් වෙනත් දෙයක් කියැවෙන්නේ" කියලා මේ අතීත කතාව ගෙනහැර දක්වා වදාළා.

"මහණෙනි, ගොඩාක් ඉස්සර කාලෙක බරණැස බ්‍රහ්මදත්ත නම් රජ්ජුරු කෙනෙක් රාජ්‍ය විචාරමින් සිටියා. ඔය කාලේ මහා බෝධිසත්වයෝ සෝමදත්ත නමින් බ්‍රාහ්මණ පවුලක උපන්නා. වයස මුහුකුරා ගියවිට තක්සිලාවට ගිහින් ශිල්ප ඉගෙනගෙන ආවා. තමන්ගේ දුප්පත් දෙමාපියන්ගේ දියුණුවට යමක් කරන්ට ඕනෑ කියලා මාපියන්ගෙන් අවසර ගෙන බරණැස් රජ්ජුරුවන්ට සේවය පිණිස රාජසේවයට බැඳුනා. මේ රජ්ජුරුවෝ සෝමදත්ත තරුණ බ්‍රාහ්මණයාට බොහොම කැමති වුනා.

මේ බෝධිසත්වයන්ගේ පියා තමන් ළඟ සිටින ගවයන් දෙන්නාගෙන් කුඹුරු සී සෑමෙන් තමයි ජීවිතය පවත්වා ගන්නේ. දවසක් ඒ ගවයන් දෙන්නාගෙන් එක් ගවයෙක් මළා. පිය පුතු සෝමදත්ත ළඟට ගිහින් මෙහෙම කිව්වා.

"පුත්‍රය.... හරි පාඩුවක් වුනා නොවැ.... අපේ එක ගවයෙක් මළා. තනි ගවයෙකුගෙන් සී සෑම කොරන්ට

බැහැ. අනේ පුත්‍රය.... අපගේ රජ්ජුරුවන්ගෙන් එක ගවයෙක් ඉල්ලාපන්."

"හාපෝ.... පියාණෙනි, මට නම් බෑ රජ්ජුරුවන් වහන්සේව බැහැදැකලා තවම ටික දවසයි. ඒ නිසා ගවයෙක් ඉල්ලන වැඩේ මට ගැලපෙන්නේ නෑ. ඔයා ම ඉල්ලන්ට."

"අනේ පුත්‍රය.... උඹ දන්නවා නොවැ. මං කොහොමෙයි ඉල්ලන්නෙ? මට දෙතුන් දෙනෙක් ඉස්සරහදී හරියට කතා කොරගන්ට බැරි වග දන්නෙ නැද්ද. මං හිතාන හිටිය දේ නොවෙයි කියැවෙන්නේ. මං ගොහින් රජ්ජුරුවන්ගෙන් ගවයෙක් ඉල්ලන්ට ගියොත් මේ ඉන්න ගවයාවත් රජ්ජුරුවන්ට ම දීලා ඒවි."

"පියාණෙනි, එහෙම දෙයක් වුනත් මට නම් අපේ රජ්ජුරුවන්ගෙන් මොකෝවත් ම ඉල්ලන්ට නම් බෑ ඕං. හැබැයි මට එකක් කරන්ට පුළුවනි. මං ඔයාට රජ්ජුරුවන්ගෙන් ගවයෙක් ඉල්ලන්ට ඇහැක් විදිහට උගන්නලා පුරුදු කරලා වැඩේට සුදුසු කරන්නම්."

"හා.... පුත්‍රය, ඒකත් හොඳා. එහෙනම් මට පිරිස මැද කතා කොරන හැටි පුරුදු කොරාපං."

එතකොට බෝධිසත්වයෝ සිය පියාණන්ව බීරණත්ථම්භක නමැති පාලු සොහොන් පිටියට කැඳවාගෙන ගියා. තණකොළ මිටි බැඳලා ඒ ඒ තැන තිබ්බා.

"එහෙනම් පියාණෙනි, ඕං දැන් බලාගන්ට. මේං..... මෙතැන ඉන්නේ අපේ රජ්ජුරුවෝ.... එතකොට මේ ඉන්නේ යුව රජ්ජුරුවෝ.... මේං මෙතැන සේනාපති....

මෙතැන පුරෝහිත.... මෙතැන අසවල් අමාත්‍යතුමා" කියලා පිළිවෙළට නම් කියලා හඳුන්වා දුන්නා. ඊන්න දැන් ඔයා අතන ඉඳලා එන්ට. රජ්ජුරුවෝ ළඟට ඇවිත් වන්දනා කොරලා 'ජයවේවා මහරජ්ජුරුවන් වහන්ස,' කියල කියන්ට. ඊට පස්සේ මේ ගාථාව කියන්ට.

"මහරජුනේ ගවයන් දෙදෙනෙක් සිටියා මාහට
ඒ ගවයන් නිසාය මා බැසගත්තේ කුඹුරට
අනේ එයින් එක් ගවයෙක් පත්වුනානෙ මරණෙට
එනිසා දෙනු මැන ගවයෙක් කරුණාකර මාහට"

ඉතින් බෝධිසත්වයෝ සිය පිය බ්‍රාහ්මණයාට මේ ගාථාව හොඳින් කටපාඩම් කරවන්ට අවුරුද්දක් ගතවුනා. දැන් බ්‍රාහ්මණයාට හරි සතුටුයි.

"හරි පුත්‍රය.. මට දැන් මේ ගාථාව අගේට කියන්ට පුළුවනි. ඔව්.... දැන් මං භය වෙන්නේ අසවල් දේකට ද? ඕනෑම කෙනෙකු ළඟ මට කියන්ට පුලුවනි. ඇයි හොඳට පාඩම් නොවැ. එනිසා පුත්‍රය.... දැන් මාව රජ්ජුරුවන් ළඟට ඇන්න පලයන්."

එතකොට බෝධිසත්වයෝ සිය පියා අත සුදුසු තෑගිභෝග දීලා රජ්ජුරුවෝ ළඟට පිටත් කෙරෙව්වා. බ්‍රාහ්මණයා ගිහින් තෑගිභෝග පුදලා "ජයවේවා අපගේ මහරජුනේ!" කියලා වැන්දා. රජ්ජුරුවෝ බෝධිසත්වයන්ගෙන් මෙහෙම ඇහැව්වා. "සෝමදත්ත... කවරෙක් ද මොහු?"

"මහරජ්ජුරුවන් වහන්ස, මේ මගේ පියා."

"බොහොම හොඳා.... එතකොට මොකෝ මේ ආවේ?"

එතකොට ම බ්‍රාහ්මණයා වැඳගෙන හඬනගා තමන් පුරුදු කළ ගාථාව මේ විදිහට කිව්වා.

"මහරජුනේ ගවයන් දෙදෙනෙක් සිටියා මාහට
ඒ ගවයන් නිසාය මා බැසගත්තේ කුඹුරට
අනේ එයින් එක් ගවයෙක් පත්වුණානේ මරණෙට
එනිසා ගනු මැන රජුනේ අනිත් ගවයා ඔබහට"

බ්‍රාහ්මණයා හිතාගෙන සිටිය කවියේ අන්තිම පේළිය වැරදී ගිය වග තේරුණ රජ්ජුරුවෝ හොඳටම හිනාවුනා. "ඕ.... හෝ.... සෝමදත්ත. එතකොට ඔහේගේ ගෙදර සෑහෙන්ට ගවයන් ඉන්නවා වගෙයි ඒ !"

"ඔබවහන්සේ දුන්නොත් නම් එහෙම වේවි" කියලා බෝධිසත්වයෝ පිළිතුරු දුන්නා. රජ්ජුරුවෝ බෝධිසත්වයන් සතුටු කරවා බ්‍රාහ්මණයාට ලස්සනට සැරසූ ගවයන් දහසය දෙනෙකුයි ඔවුන් වාසය කළ ගමයි නින්දගමක් හැටියට බ්‍රාහ්මණයාට තෑගි දීලා මහත් සත්කාර සම්මාන සහිතව ගෙදර පිටත් කළා. සුදෝ සුදු අශ්වයන් යෙදූ අලංකාර අශ්ව කරත්තේ නැගී බෝධිසත්වයෝ සිය පියා සමඟ ගෙදර බලා යමින් සිටියදී සිය පියාගෙන් මෙහෙම ඇසුවා. "පියාණෙනි, මං ඔයාට මුළු අවුරුද්දක් ම ඒ කවිය පුහුරු කෙරෙව්වා. නමුත් රජ්ජුරුවෝ ළඟදී ඒ කවිය කියද්දී තමන් ළඟ ඉන්න ගවයාවත් රජ්ජුරුවන්ට දුන්නා නොවැ" කියලා මේ ගාථාව කිව්වා.

අවුරුද්දක් පුරා ම මං බීරණත්ථම්භක සොහොනෙදී
- උගන්වන්ට මහන්සි ගත්තේ
ඔයත් ඉතා වෙහෙස වෙලා කියාදුන්න අයුරින්
- ඒ කවියත් පාඩම් කරගත්තේ
මෙතරම් පාඩමින් තිබුණ කවිය පිරිස

- මැද කියද්දී පටලව ගත්තේ
නුවණ පිහිටි නැති කෙනාව කොතරම්
- පුහුණුවක් කළද වැරදී යනු ඇත්තේ

එතකොට ඒ බ්‍රාහ්මණයා සිය පුත්‍ර සෝමදත්තට මෙසේ ගාථාවෙන් පිළිතුරු දුන්නා.

අනේ පුතේ සෝමදත්ත දෙන්නෙක් ඉල්ලන්ට
- ගියොත් කරුණ සඵල වන්නේ
කිසිවක් නොලැබෙන්ටත් මහධනයක් ලැබ දෙන්ටත්
- ඉඩකඩ ඇතිවන්නේ
මගේ කීම වැරදුනමුත් ඔබ දුන් පිළිතුරින් රජුට
- සතුටක් ඇතිවන්නේ
ඉල්ලනවිට යමක් ඉතින් ඒවගෙ හැටි ඔහොම තමයි
- ඒ බව දැනගන්නේ

මහණෙනි, එදාත් පිරිස් මැද කතා කරන්ට ගිහින් මහා තැතිගැනීම් සහිතව කලබලෙන් කවිය පටලවා ගත් බ්‍රාහ්මණයාව සිටියේ මේ ලාලුදායි. ඒ බ්‍රාහ්මණයාගේ පුතා වූ සෝමදත්ත ව සිටියේ මම යි” කියා භාග්‍යවතුන් වහන්සේ මේ ජාතකය නිමවා වදාළා.

02. උච්ඡිට්ඨභත්ත ජාතකය

සොරසැමියා කා ඉතිරි වූ ඉඳුල් සැමියාට දුන් ගැහැණියගේ කතාව

පින්වතුනේ, පින්වත් දරුවනේ,

සසර ගමන ගොඩාක් දුක්බිතයි. නමුත් බැලූ බැල්මට අපට එය වටහා ගැනීම අසීරුයි. එයට හේතුව නොයෙකුත් ආශාවන්ගෙන්, බැඳීම්ගෙන්, සතුට උපදවන දෙයින් ඒ දුක නොපෙනී ගොස් ඇති නිසායි. ඒ නිසා ම දුක් උපදවන දේ පසුපස ම යාම තමයි සත්වයන්ගේ සාමාන්‍ය ස්වභාවය. මෙයත් එබඳු කතාවක්.

ඒ දිනවල අපගේ භාග්‍යවතුන් වහන්සේ වැඩවාසය කොට වදාළේ සැවැත්නුවර ජේතවනයේ. ඔය කාලේ සැවැත්නුවර සිටි එක්තරා සැදැහැවතෙක් භාග්‍යවතුන් වහන්සේගෙන් බණ අසන්ට නිතර නිතර ජේතවනයට ගියා. මොහුටත් එතකොට පැවිදිවෙන්ට කැමැත්තක් ඇතිවුනා. බිරිඳගෙනුත් අවසර ගෙන මොහු ඉතාමත් ශ්‍රද්ධාවෙන් බුදුසසුනේ පැවිදි වුනා. නමුත් මේ නවක භික්ෂුව සිය නිවසත් සමඟ ඇති සබඳතා අත්හැරියේ නෑ. ඇතැම් දවස්වලට මේ භික්ෂුව තමන් පිඬුසිඟා ලත් දානය නිවසට ගෙනියනවා. එවිට තමන්ගේ ගිහිකල බිරිඳ ගෙදර පිසගත් ව්‍යංජනාදියත් බෙදනවා. නිවස තුලදි දන් වළඳා

ඔවුන් සමඟ කතාබස් කරන්ට යාම නිසා ඒ පැරණි බිරිඳ තමන්ගේ අසරණකම ගැන හැඬූ කඳුළින් කතා කළා. මේ නිසා ඒ භික්ෂුවගේ සිතේ පැවිද්දට ඇති ඇල්ම ටිකෙන් ටික අඩුවුනා. සිවුරු හැර ගිහිවෙන්ට කල්පනා කළා. ක්‍රමයෙන් භික්ෂු ආකල්පවලින් බැහැර වෙමින් සිටිනා මේ භික්ෂුවගේ වෙනස හඳුනාගත් උපාධ්‍යායන් වහන්සේ මොහුව භාග්‍යවතුන් වහන්සේ ළඟට කැඳවාගෙන ගියා.

"හැබෑද භික්ෂුව, ඔබ පැවිද්ද ගැන මහත් නොඇල්මකින් ඉන්නවා කියන්නේ? පැවිදි ජීවිතේ පිළිවෙතින් සරුවෙන්ට අපහසුයි කියන්නේ?"

"එහෙමයි භාග්‍යවතුන් වහන්ස.... මේ ටික දොහක ඉඳන් අපේ ගෙදර හාමිනේගේ අසරණකොම ගැන මතක් වෙනවා. උන්දෑ දැන් මොකෝවත් කොරකියාගන්ට බැරිවලු ඉන්නේ.... මේ.... ළඟකදී හැඬූ කඳුළින් මටත් ආඩපාලි කිව්වා. ඉතින්.... ඉතින් මං කීවා නාඬා හිටහං.... මං ආපහු එන්නං කියාලා."

"භික්ෂුව.... ඔබ දන්නවා ද ඔය ඔබගේ බිරිඳ නිසා තමන්ට වූ කරදර. කලින් ආත්මෙක ඔය ස්ත්‍රිය සොර සැමියාට රසට පිණි බොජුන් කවා ඔහු කා ඉතිරි වූ ඉඳුල් බත් ඔබට කන්ට දුන්නා" කියා භාග්‍යවතුන් වහන්සේ මේ අතීත කතාව ගෙනහැර දක්වා වදාළා.

"මහණෙනි, ගොඩාක් ඉස්සර කාලෙක බරණැස්පුරේ බ්‍රහ්මදත්ත නමින් රජ්ජුරුකෙනෙක් රාජ්‍ය විචාරමින් සිටියා. ඔය කාලේ මහා බෝධිසත්වයෝ නැටුම් දක්වමින් ජීවත්වෙන ඉතා දිළිඳු පවුලක උපන්නා. ඉතින් බෝධිසත්වයෝ ඒ දුගී ජීවිතේ ගත කළේ අනුන්ගෙන් කුමක් හෝ කෑමක් බීමක් ඉල්ලාගෙන යැපෙමිනුයි. ඒ

පවුලේ කව්රුත් ජීවත්වුනේ ඒ විදිහටයි. ක්‍රමයෙන් වැඩී ගිය බෝධිසත්වයෝ කසී රටේ එක්තරා ගමකට පැමිණියා. ඒ ගමේත් ආහාර පානාදිය ඉල්ලාගෙන යද්දී එක්තරා නිවසක් අසලට පැමිණියා.

ඒ නිවස බ්‍රාහ්මණ නිවසක්. එදා ඒ බ්‍රාහ්මණයා කිසියම් කරුණකට නිවසින් බැහැරට ගොස් තිබුනා. බ්‍රාහ්මණයා නිවසේ නැති බව දැනගත් ඒ බැමිණියගේ සොර සැමියා ඒ නිවසට රිංගා ගත්තා. ඒ බැමිණිය සමඟ වැරදි කාමසේවනයේ යෙදුනා. බැමිණිය සොර සැමියාට මෙහෙම කිව්වා.

"ඔයා දැන් ම යන්ට එපා අනේ.... මං ඔයාට කටට රසට මාළුපිනි සහිත බතක් උයා දෙන්නම් හොඳේ.... අපේ එක්කෙනා දැන් ම එන එකක් නෑ" කියලා ඉක්මණින් සූප ව්‍යඤ්ජන සහිත ඉතා රසවත් බතක් පිසුවා. හොඳ රස්නෙට උණු උණුවේ බත් බෙදලා සොර සැමියාට කන්ට දුන්නා. සොර සැමියා කෑම කනතුරු ඇ තමන්ගේ සැමියා එනවා දැයි කියා මග බලමින් ගෙයි දොරකඩ සිටගෙන සිටියා. බෝධිසත්වයොත් කෑම ටිකක් අපේක්ෂාවෙන් ඒ ගේ දොරකඩ සෑහෙන වේලාවක් සිටගෙන සිටියා. එතකොට ඈතින් තමන්ගේ ස්වාමිපුරුෂ බ්‍රාහ්මණයා එනවා දකින්ට ලැබුනු බැමිණිය හොඳටම භයටත් කලබලයටත් පත් වුනා. ඇ දෑස් ලොකු කරගෙන ගෙට පැන්නා.

"හාපෝ.... ආන්න.... අපේ මනුස්සයා එනවා. මං ඉඳලා ඉවරයි.... හනේ.... මේ.... ඉක්මනට නැගිටින්ට.... කෝ.... මේ.... එන්ට ඉක්මනට.... මේ වී අටුව ඇතුලට බහින්ට. හප්පේ.... අපි දෙන්නම ඉවරයි අද!" කියලා ඉක්මනින් ම සොර සැමියාව වී අටුවට බැස්සුවා.

බැමිණිය හිනාවේගෙන ඉදිරියට ඇවිත් සැමියා පිළිගත්තා. බත් කන්ට වාඩිවෙන ලෑල්ල තිබ්බා. අත සෝදන භාජනෙත් තිබ්බා.

"මං අනේ.... අද ඔයාට හරිම රසට කෑම ටිකක් හැදුවා. මට ඔයා මහන්සි වෙන එක ගැන දුකායි මෙයා...." කියලා සොර සැමියා අනුභව කොට ඉතිරි වූ සීතල බත්වලට උඩින් උණු බත් බෙදුවා. සැමියාට ගිහින් දුන්නා. බත් අනුභව කරද්දී සැමියාට වෙනසක් තේරුනා. "ම්.... හැ.... මේක පුදුම වැඩක් නොවැ. මේ බත් පිඟානේ උඩ බත් විතරයි රස්නේ. යට බත සීතයි.... ම්.... කොහොමද මෙහෙම වුනේ....? වෙන කවුරු හරි කාලා ඉතුරු වූ බතට උඩින් බෙදූ උණු බතක් වගෙයි මට මේක තේරෙන්නේ" කියලා මේ ගැන බැමිණියට මේ පළමු ගාථාවෙන් මෙහෙම කිව්වා.

හරි වැඩක් නෙ හාමිනේ මෙතෙක් කලක්
- දුටුවේ නැති අමුතු දෙයකි වුනේ
මේ බත් පිඟානෙ ඇතුලත සීතයි
- මොකදෑ මේ උඩ පමණක් රස්නෙ වුනේ
ඇත්ත කියාපං මට දැන් ඇයි ද මගේ
- බත් පිඟානෙ මෙවැනි දෙයක් වුනේ
උඩ පමණක් රස්නෙ වෙලා ඇයි මේ ඇතුලේ
- ඇති බත් මෙතරම් සීතල වුනේ?

එතකොට බැමිණියගේ මූණ වෙනස් වුනා. මහත් භය තැතිගැනීමක් හටගත්තා. තමාගේ වැඩේ සැමියා දැනගත්තාවත් ද කියා සිත ගැහෙන්ට පටන් ගත්තා. කර කියාගන්ට දෙයක් නැතිව නිශ්ශබ්දව සිටියා.

එතකොට බෝධිසත්වයෝ ගේ දොරකඩ සිට මේ සියලු දේ බලාගෙන සිට මෙහෙම කිව්වා.

"අනේ ස්වාමී.... මං නැටුම් දක්වන අසරණ පුත්‍රයෙක්. මාත් මේ කෑම ටිකක් ඉල්ලාගන්ට ආවේ. මං හිතුවේ ඔබතුමා ඉන්නා තැන කලින් වාඩිවෙලා බත් කෑවේ මේ ගෙදර ස්වාමියා කියලා. ආං දැන් එයා වී අටුවේ ඇතුලට බැහැලා හැංගිලා ඉන්නවා. එයාට තමයි ඔය බතේ අග්‍ර භෝජනේ අනුභව කරන්ට ලැබුනේ. එයා ඉතුරු කළ බතට උඩිනුයි උණුබත් බෙදන්ට ඇත්තේ" කියා මේ දෙවෙනි ගාථාව කිව්වා.

අනේ ස්වාමී මම නම් නැටුම් නටන දරුවෙක්
- මේ කන්ට මුකුත් සොයාගෙනයි ආවේ
අර අටුවේ බැහැපු කෙනා තමයි කලින් ඔබේ
- බත් පිඟානෙ අග්‍රබොජුන් කෑවේ
යට තිබෙනා සීතල බත වෙන කවුරුත්
- කෑවා දැයි කියා නේද සිතුවේ
ඒ ඔබ සොයන කෙනා අටුවේ බැස ඉන්නා බව
- මාත් දැනුයි සිතුවේ

කියා බෝධිසත්වයෝ අටුවේ හැංගී සිටි සොර සැමියාගේ කොණ්ඩෙන් ඇද අටුවෙන් බිමට බැස්සුවා. "නැවත මෙවැනි ළාමක පව් වැඩ නොකර හිටිං. සිහි උපදවා ගනිං" කියා අවවාද කොට පිටත්වෙලා ගියා.

අර බ්‍රාහ්මණයා සොර සැමියාට යි තම බිරිඳට යි නැවත මෙවැනි දේ නොකරන ලෙස තරයේ අවවාද කළා.

මේ කතාව පවසා භාග්‍යවතුන් වහන්සේ චතුරාර්ය සත්‍ය ධර්මය දේශනා කොට වදාළා. ඒ දේශනාව අවසානයේ සිවුරු හැර යන්ට සිතා සිටි භික්ෂුව සෝවාන් ඵලයට පත් වුනා.

මහණෙනි, එදා සිය සැමියාට හොරෙන් රසවත් ආහාර පිස දෙමින් සොර සැමියා සතුටු කළ බිරිඳ තමයි මෙදා මේ භික්ෂුවගේ ගිහි කල බිරිඳ වෙලා සිටියේ. ඒ බ්‍රාහ්මණයා වෙලා සිටියේ බිරිඳ ගැන සිත සිතා සිවුරු හරින්ට සිතා සිටි මේ භික්ෂුවයි. නැටුම් දක්වන පුත්‍රයා වෙලා සිටියේ මම යි" කියා භාග්‍යවතුන් වහන්සේ මේ ජාතකය නිමවා වදාළා.

03. භරු ජාතකය
අල්ලස් ගත් භරු රජතුමාගේ කතාව

පින්වතුනේ, පින්වත් දරුවනේ,

අල්ලස් ගැනීම, පගාව ගැනීම කියන්නේ ඉතාම නරක දෙයක්. රටක පිරිහීමට එය ප්‍රබල හේතුවක් වෙනවා. අල්ලස් ගැනීම නිසා එදා කොසොල් රජ්ජුරුවොත් ඉතාමත් දුෂ්කරතාවයන්ට පත් වුණා. පවුත් රැස් කරගත්තා. අපගේ භාග්‍යවතුන් වහන්සේගේ මැදිහත් වීම නිසා මහා බරපතල අර්බුදයක් සංසිඳවා ගන්ට පුළුවන් වුනා.

ඒ දිනවල අපගේ භාග්‍යවතුන් වහන්සේ වැඩවාසය කොට වදාළේ සැවැත්නුවර ජේතවනයේ. ඔය කාලේ අපගේ භාග්‍යවතුන් වහන්සේටත් භාග්‍යවතුන් වහන්සේගේ ශ්‍රාවක සංඝයාටත් මහත්සේ ලාභ සත්කාර ලැබුණා. සිවුරු, පිණ්ඩපාත, සෙනසුන්, ගිලන්පස බෙහෙත් පිරිකර ආදිය ඉතාම උසස් අයුරින් ලැබුනා. නමුත් අන්‍යතීර්ථක පිරිවැජියන්ට, අන්‍ය තාපසවරුන්ට, නිගණ්ඨයින්ට එතරම් ලාභ සත්කාර ලැබුණේ නෑ. ඔවුන් ත්‍රිවිධ රත්නයට නින්දා අපහාස කරන්ට පටන් ගැනීම නිසා ඔවුන්ට ලැබෙමින් තිබූ සත්කාරත් පිරිහී ගියා.

ඒ අන්‍ය තීර්ථක තවුසන් මේ ගැන මහත් සේ ශෝකයට පත් වුනා. ඔවුන් රහසේ ම තැන් තැන්වලට

එකතු වී කතාබස් කරන්ට පටන් ගත්තා.

"අයියෝ.... මේ ශ්‍රමණ ගෞතමයෝ නිසා අපට අපගේ දායකයෝ නැති වුනා. ලාභසත්කාර නැති වුනා. පිළිගැනීම නැතිවුනා. හප්පේ.... බලන්ට එපායැ.... දැන් හැම දෙයක් ම ලැබෙන්නේ ශ්‍රමණ ගෞතමයන්ට නොවැ."

"හැබෑට මොකදෑ ඔය ශ්‍රමණ ගෞතමයන්ට විතරක් මෙතරම් ලාභසත්කාර ලැබෙන්නේ?"

"හැයි.... දන්නේ නැද්ද.... මේ මුළු මහත් දඹදිවින් ම අග්‍රභූමිය තමයි ඔය ජේත කුමාරයාට අයිතිව තිබුනේ. වෙන හාස්කමක් නෑ. ඔය භූමිය මහා බලසම්පන්නයි. සිරිකතගේ බැල්ම වැටී ඇති තැනක්. නැත්තම් රන් කහවණු අතුරලා ඔය බිම ශ්‍රමණ ගෞතමයන් ගනීවිද? පුණ්‍ය භූමියක පදිංචි වුනාම කාට වුනත් හරියනවා බං...."

"එහෙනම් අපි මේකට මොකදෑ කොරන්නේ?"

"වෙන මක්කොරන්ට ද.... කොයියම්ම හරි උපායකින් අපිත් ඔය ජේතවනයට පිටුපසින්, ඒ කියන්නේ ජේතවන මායිමේ ඉඩම් කෑල්ලක් ගන්ට ඕනෑ. එතකොට අපිටත් සරුවේවි...."

"හරි.... හරියට හරි.... වෙන විසඳුමක් නෑ. එතැනින් ම ඉඩම් කෑල්ලක් ගන්ට ඕනැ" කියලා හැමෝම එක පයින් සම්මත කරගත්තා.

"හැබැයි මේකේ තවත් ප්‍රශ්නයක් තියෙනවා. අපි මේක රජ්ජුරුවන්ට නොදන්වා කළොත් භික්ෂූන් ගොහින් රජ්ජුරුවන්ට ගතු කියලා වැඩේ කඩාකප්පල් කරනවා ම යි. ලාභයක් ලැබුණු විට වෙනස් නොවෙන කෙනෙක්

නෑ නොවැ. හරි.... අපි මෙහෙම කොම්මු. රජ්ජුරුවන්ට අල්ලසක් දෙමු. 'අපට ආරාමයක් හදාගන්ට තැනක් ඕනෑ' කියලා අපට ඕනෑ තැන ඉල්ල ගම්මු."

මෙහෙම කතාවෙලා ඔවුන්ගේ දායකයන් කීප දෙනෙක් රැස් කරවා තමන් අසරණ වී සිටින හැටි හැඬූ කඳුළින් කියා සිටියා. අන්තිමේදී දායකයෝ වැඩේට කැමති වුනා. දායකයෝ ගිහින් කොසොල් රජ්ජුරුවන්ට කහවණු ලක්ෂයක් දුන්නා.

"අනේ මහරජතුමනි, අපේ තාපසින්නාන්සේලාටත් විවේකයෙන් ඉන්ට තැනක් ඕනෑ වෙලා තියෙනවා. ජේතවනයේ පිටිපස්සේ ෂෝක් ඉඩම් කෑල්ලක් තියෙනවා. අපි එතැන තාපසින්නාන්සේලාට ආරාමයක් හදාදෙන්ට කැමැතියි. අනේ අපට ඒකට අවසර දෙන්ට. හැබැයි, භික්ෂූන් වහන්සේලා වැඩේ නවත්වන්ට කියලා ඔබවහන්සේට ඇවිත් කියන්ට ඉඩ තියෙනවා. එහෙම දෙයක් වුනොත් ඒකට පිළිතුරු නොදී සිටිනු මැනව."

කහවණු ලක්ෂය දැක්ක ගමන් රජ්ජුරුවන්ට ලෝභය ඇති වුනා. "හා.... ඒකට මක් වෙනවා ද. තාපසින්නාන්සේලාට එතැන වරදක් නෑ" කිව්වා.

කොසොල් රජුගෙන් අවසර ගත් දායක පිරිස ගිහින් අන්‍ය තීර්ථක තවුසන්ට තම කටයුත්ත හරිගිය බව දැනුම් දුන්නා. ඔවුන් හනි හනිකට බාස් උන්නැහේලා රැස්කොට ඉතා ඉක්මනින් තීර්ථකාරාමයේ ඉදිකිරීම් පටන් ගත්තා. ඔවුන්ගේ වැඩ කටයුතු නිසා ඒ වැඩ බිමෙන් මහා ඝෝෂාවක්, මහා ශබ්දයක් හටගත්තා. අපගේ භාග්‍යවතුන් වහන්සේ ආනන්දයන් වහන්සේට අමතා වදාළා.

"ආනන්දයෙනි.... මොකක්ද ඔය මහා ඝෝෂාවක්, මහා ශබ්දයක් ඇහෙන්නේ?"

"ස්වාමීනී, භාග්‍යවතුන් වහන්ස, ජේතවනයේ පිටුපසින් අන්‍ය තීර්ථකයෝ ඔවුන්ටත් ආරාමයක් හදනවා. එතැනයි ඔය ශබ්දය තියෙන්නේ."

"ආනන්දය, ඔය තැන තීර්ථකයන්ට ආරාමයට සුදුසු තැනක් නොවේ. ඔවුන් කොහොමත් මහා ශබ්ද ඇති, කලබල ඇති, ඝෝෂා සහිත පිරිසක්. මෙය බොහෝ දෙනෙකුට අකුසල් රැස්වීමට කාරණාවක් වෙන්ට පුළුවනි. එනිසා ආනන්දයෙනි. භික්ෂු සංඝයා රැස්කරවාගෙන කොසොල් මහරජු ළඟට යන්ට. ගිහින් ඔය තීර්ථක ආරාමයේ ඉදිකිරීම් කටයුතු නවත්වන්ට! කියන්ට."

එතකොට අපගේ ආනන්දයන් වහන්සේ භික්ෂු සංඝයා කැටුව රජ්ජුරුවන්ගේ මාළිගා ද්වාරය වෙත වැඩියා. රජ්ජුරුවන්ට සංඝයා වහන්සේ වැඩිබව දැනුම් දුන්නා. 'මේ නම් අන්‍ය තීර්ථක ආරාමය ගැන මොකාක් හරි කතා කරන්ට වෙන්ට ඕනෑ' කියලා රජ්ජුරුවෝ හිතුවා. "මං මාළිගාවේ නැතෙයි කියාපන්" කියලා පණිවිඩේ යැව්වා. භික්ෂූන් වහන්සේලා ආපසු හැරී ගොස් භාග්‍යවතුන් වහන්සේට දැනුම් දුන්නා. මේ රජතුමා වෙනස් වුනේ අල්ලස් ගැනීම නිසා බව අපගේ භාග්‍යවතුන් වහන්සේට වැටහුනා. ඊටපස්සේ සාරිපුත්ත මහාමොග්ගල්ලාන අග්‍රශ්‍රාවකයන් දෙනම වහන්සේලා පිටත් කෙරෙව්වා. එතකොටත් රජ්ජුරුවෝ මුණ ගැහෙන්ට ආවේ නෑ. මාළිගාවේ නැතෙයි කියලා පිටත් කෙරෙව්වා. උන්වහන්සේලාත් හැරී ගොස් භාග්‍යවතුන් වහන්සේට මෙ කරුණ දැනුම් දුන්නා.

"සාරිපුත්ත.... දැන් ඉතින් රජ්ජුරුවන්ට මාළිගාවේ ඇතුලට වෙලා ඉන්ට වෙන්නේ නෑ. එළියට එන්ට සිදුවෙනවා" කියා පසුවදා අපේ භාග්‍යවතුන් වහන්සේ පන්සියයක් භික්ෂූන් වහන්සේලා සමඟ රජ්ජුරුවන්ගේ වාසල් දොරටුව වෙත වැඩම කළා. එතකොට රජ්ජුරුවෝ ප්‍රාසාදයෙන් පහළට බැස්සා. භාග්‍යවතුන් වහන්සේට වන්දනා කොට පාත්‍රය අතට ගත්තා. රජගේ ඇතුලට වැඩැම්මුවා. භාග්‍යවතුන් වහන්සේ ප්‍රමුඛ භික්ෂු සංඝයාට කැවිලි සහිත කැඳ පූජා කරගත්තා. භාග්‍යවතුන් වහන්සේට වන්දනා කොට එකත්පස්ව වාඩිවුනා. භාග්‍යවතුන් වහන්සේ මෙසේ වදාළා.

"මහරජ, ඉස්සර කාලේ හිටිය රජවරු මිනිසුන්ගෙන් අල්ලස් අරගෙන කටයුතු කිරීම නිසා සිල්වතුන් අතර මහා කෝලාහලයක් හටගත්තා. ඒ නිසා වුනේ මොකක්ද, තමන්ට රටත් අහිමි වුනා. මහා විනාශයකුත් සිදුවුනා" කියා මේ අතීත කතාව ගෙනහැර දක්වා වදාළා.

"මහරජ, ගොඩාක් ඉස්සර කාලෙක හරු කියන රටේ හරු රාජයා නමින් රජ්ජුරු කෙනෙක් රාජ්‍ය කළා. ඔය කාලේ බෝධිසත්වයෝ පඤ්ච අභිඥා, අෂ්ට සමාපත්ති ඇති ඉසිවරයෙක් වෙලා හිමාලයේ වාසය කළා. මේ තාපසයාට පන්සියයක තාපස පිරිසකුත් සිටියා. ඉතින් දවසක් බෝධිසත්වයෝ පන්සියයක් වූ තම තාපස පිරිවරත් සමඟ ලුණු ඇඹුල් සෙවීම පිණිස හිමාලයෙන් පහළට වැඩියා. ක්‍රමයෙන් ඇවිත් හරු රටටත් වැඩියා. ඉතින් ඒ හරු රටේ හරු නගරයේ පිඬුසිඟා වැඩියා. නගරයෙන් නික්මිලා උතුරු දොරටුව අසල පිහිටා තිබූ අතු ඉති විහිදී ගිය සුවිසල් මහ නුගරුකක් සෙවනට පැමිණියා. ඒ නුග රුක් සෙවනේ දන් වැළඳුවා. ඒ රුක්සෙවනේ ම දිගට ම වාසය කළා.

තව දෙසතියක් ගතවෙද්දී වෙනත් තාපසයෙක් තවත් පන්සියයක තාපස පිරිවර ඇතිව හරු නගරයට පැමිණියා. ඔවුන් නගරයේ පිඬු සිඟා ගොස් නුවර දකුණු දොරටුව ළඟට ආවා. ඒ දකුණු දොරටුව අසලත් අතු පතර විහිද ගිය මහා නුගරුකක් තිබුනා. ඒ නුගරුක් සෙවනේ දන් වළඳා ඒ නුගරුක් සෙවනේ ම වාසය කළා. ඒ තාපස පිරිස් කැමති තාක් කල් ඒ නුගරුක් සෙවනේ වාසය කොට ඔවුන් හිමාලයේ සිටි තැනට ම පිටත් වුනා. ඒ තාපස පිරිස් ගියාට පස්සේ දකුණු දොරටුව අසල තිබූ මහනුගරුක වියළී මැරීගියා.

කාලයකට පස්සේ ආයෙමත් තාපස පිරිස හිමාල වනයෙන් පහළට බැස්සා. ඒ වතාවේ දකුණු දොරටුව අසල නුගරුක් සෙවනේ උන් තාපසවරු කලින් ම ආවා. නුගරුක සොයා එද්දී ඒ නුගරුක වියළී ගොස් ඇති බව දැක්කා. දැකලා නගරයේ උතුරු දිසාවේ දොරටුව අසල ඇති නුගරුක් සෙවනට ගියා. ගිහින් ඒ නුගරුක් සෙවනේ දන් වළඳා එතැන ම වාසය කළා.

බෝධිසත්වයෝ ත් තමන්ගේ තාපස පිරිස සමඟ හිමාලයෙන් පහළට බැස්සා. හරු නගරයේ පිඬු සිඟා ගිහින් දානය රැගෙන තමන් කලින් සිටි උතුරු දොරටුවේ නුගරුක වෙත ගියා. යද්දී දකුණු දොරටුව නුගසෙවනේ සිටි තාපසවරු එතැන සිටිනවා දැක්කා. මේ අලුතින් ආ තාපස පිරිසත් ඒ නුගරුක් සෙවනේ ම දන් වැළඳුවා. ඒ තාපසවරුත් තමන් කලින් සිටිය රුක් සෙවන කියා එතැන ම වාසය කළා.

"අපි වේලාසනින් ඇවිත් උන්නේ. මේ වෘක්ෂයන් කාටවත් තනි පාර්ශවයකට ලියල රාජාඥා පනවා නෑ. ඒ

නිසා කලින් හිටිය අයිතිය සොයාගෙන මෙතැන ඉන්ට එපා. ඔහේලා වෙන අහක යන්ට.”

“හා...! අපි මක්කටෙයි වෙන අහක යන්නේ...? ඔහේලා කලින් වතාවේ හිටියේ දකුණු දොරටුව ළඟ මහනුගේ යට නොවැ.... එතැනට ගියා නම් හොඳයි නොවෙද? එතකොට මේ ප්‍රශ්න නෑ නේ.”

මේ විදිහට සුළුවෙන් පටන් ගත් කතාබහ මහා කෝලාහලයක් දක්වා දිග්ගැස්සිලා ගියා. දෙපාර්ශවයෙන් නුගරුකට අයිතිවාසිකම් කියන්ට පටන්ගත්තා. අන්තිමේදී මේ ගැන විනිශ්චයක් ගන්ට හරු රජ්ජුරුවන් ළඟට ගියා. රජ්ජුරුවෝ පස්සේ ඇවිත් වාසය කළ ඍෂිවරුන්ට ඒ නුගරුකේ අයිතිය දුන්නා. එතකොට කලින් ආපු ඍෂිවරු මෙහෙම කල්පනා කළා. ‘නෑ.... දැන් මොවුන් විසින් අපව පරදවා දැම්මාට අපටත් මේකේ අයිතිය රජු ලවා කියවා ගන්නම්’ කියලා දිවැසින් විපරම් කොට බැලුවා. පෙර සක්විති රජෙක් පරිභෝග කළ අශ්ව රථයක මැදිරියක් දැක්කා. ඒක ගෙන්වා ගෙන ගිහින් හරු රජ්ජුරුවන්ට අල්ලසකට දුන්නා. “අපිව ඒ නුගරුකේ අයිතිකාරයෝ කරන්ට” කිව්වා.

එතකොට රජ්ජුරුවෝ අල්ලස ලබාගෙන තාපසවරුන් දෙපිරිසට ම නුගරුක් සෙවනේ ඉන්ට අයිතිය තියෙනවා කියලා දෙපාර්ශවය ම හිමිකරුවෝ කළා. එතකොට මුල්වතාවේ හිමිකරුවෝ වෙලා සිටිය තාපසවරු දිවැසින් බලා ඒ රථ මැදිරියට සවිකොට තිබූ මැණික් රථරෝද ගොඩගෙන රජ්ජුරුවන්ට ඒවා අල්ලසට දුන්නා. “මහරජ අපට පමණක් අයිතිය දෙන්ට” කියලා ඉල්ලා සිටියා. එතකොට රජ්ජුරුවෝ බෝධිසත්වයන්

ඇතුළු පිරිසට අයිතිය අහිමි කොට අල්ලස දුන් පිරිසට අයිතිය දුන්නා. බෝධිසත්වයන් ඇතුළු පිරිස මෙහෙම කල්පනා කළා.

'අයියෝ... අපි වස්තුකාම ක්ලේශකාම අත්හැර ආපු පැවිද්දෝ නේද? එබඳු අපි මොකද මේ රැක් මුලකට කෝලාහල කරගන්නේ. අල්ලස් දෙන්ට ගොහින් අපි අතින් නුසුදුසු දෙයක් වුනා' කියලා මහත් සංවේගයට පත්වෙලා එවෙලේ ම පිටත් වෙලා හිමාල වනයට ගියා. එතකොට හරු රටේ අරක්ගත් සියලු දෙවිවරු රැස්වුනා. 'මේ හරු රජා අල්ලස් ගැනීම නිසයි සිල්වතුන්ගේ කෝලාහලය මෙහෙම දිග්ගැස්සුනේ' කියලා හොඳටම කෝපවුනා. මුහුද ගොඩ ගලා යොදුන් තුන්සියයක හරු රට යටවෙලා ගියා. තනි හරු රජ්ජුරුවෝ කළ වරද නිසා සකල රටවැසියන් ම විනාශයට පත් වුනා.

මේ කතාව පැවසූ අපගේ භාග්‍යවතුන් වහන්සේ මේ ගාථාවන් වදාළා.

සිල්වත් ඍෂිවරු අතරේ ඇතිවුන කෝලාහලේ
අල්ලස් ගත් හරු රාජා මහ සිදුරක් ඇතිකළේ
ලෝභ සිතින් අගතියෙ ගොස් ඔහුය විපත සිදුකළේ
රජු සහිත සියලු රට ම විනාශයට පත්කළේ

ලෝභ සිතින් අගතියකට යාම සුදුසු නැත කියා
නුවණැත්තෝ සැමවිට එය ගරහයි අගතිය කියා
කෙලෙස්වලින් කිළිටි නොවුනු සිතුවිලි හද ගැබ තියා
සත්‍යය ම යි පැවසිය යුතු සැම වෙත මෙත් සිත තියා

ඒ හරු රජ්ජුරුවෝ අල්ලස් ගැනීමෙන් වරදක් කළ බව දැන එය පිළිකෙව් කොට සත්‍ය කියූ අය සිටියා.

ඔවුන් වාසය කළ තැන වන නාලිකේර දිවයිනේ අදටත් දිවයින් දහසක් දකින්ට ලැබෙනවා.

එනිසා මහරජුනි, පැවිද්දන් අතර අර්බුද කලකෝලාහල ඇතිවෙන ආකාරයට ඡන්දයෙන් අගතියට යාම නොකළ යුතුයි" කියා ධර්මදේශනා කොට වදාළා. "එදා ජ්‍යෙෂ්ඨ ඍෂිවරයා වෙලා සිටියේ මම යි" කියා භාග්‍යවතුන් වහන්සේ වදාළා. භාග්‍යවතුන් වහන්සේ දන් වළඳා වැඩියාට පස්සේ කොසොල් රජ්ජුරුවෝ සේවකයන් යවා තීර්ථකයන්ගේ ආරාමය එතැනින් ඉවත් කෙරෙව්වා.

04. පුණ්ණනදී ජාතකය
පිරුණු නදිය ගැන කතාව

පින්වතුනේ, පින්වත් දරුවනේ,

අපගේ භාග්‍යවතුන් වහන්සේගේ මහා ප්‍රඥාව ලෝකයේ අපට තබා දෙවියන්ට බඹුන්ටවත් සිතාගත නොහැකි මහා විස්මිත දෙයක්. මේ කතාවෙන් කියැවෙන්නේ අපගේ භාග්‍යවතුන් වහන්සේගේ බෝධිසත්ව අවදියේ තිබූ ප්‍රඥාව ගැනයි.

ඒ දිනවල අපගේ භාග්‍යවතුන් වහන්සේ වැඩ වාසය කොට වදාළේ සැවැත්නුවර ජේතවනයේ. දවසක් දම්සභා මණ්ඩපයේ රැස්වූ භික්ෂූන් වහන්සේලා අපගේ භාග්‍යවතුන් වහන්සේගේ ප්‍රඥාමහිමය ගැන කතාකරමින් සිටියා. "ඇවැත්නි.... අප සරණ ගිය අපගේ ඒ ශාස්තෘන් වහන්සේගේ ප්‍රඥාව මහා අසිරිමත් ය! අප භාග්‍යවතුන් වහන්සේ මහා ප්‍රඥා ඇති සේක. අතිශය පෘථුල ප්‍රඥා ඇති සේක. සතුට උපදවන ප්‍රඥා ඇති සේක. වේගවත් ප්‍රඥා ඇති සේක. තියුණු ප්‍රඥා ඇති සේක. විනිවිද ගිය ප්‍රඥා ඇති සේක. අවස්ථාවෝචිතව හැසිරවිය හැකි ප්‍රඥා ඇති සේක" යනාදී වශයෙන් කතා කරමින් සිටියා. ඒ අවස්ථාවේ අපගේ භාග්‍යවතුන් වහන්සේ එතැනට වැඩම කොට වදාළා. භික්ෂූන් වහන්සේලා තමන් කතා කරමින් සිටි කරුණ භාග්‍යවතුන් වහන්සේට සැළ කළා.

භාග්‍යවතුන් වහන්සේ මෙසේ වදාළා.

"මහණෙනි, තථාගතයෝ ප්‍රඥාවෙන් යුක්තව, උපාය කෞශල්‍යයෙන් යුතුව සිටීම ගැන පුදුමයක් නොවේ. නමුත් තථාගතයෝ අතීතයේත් පෙර ආත්මයන්හිත් ප්‍රඥාවෙන් යුක්තව සිටියා" කියා මේ අතීත කතාව ගෙනහැර දක්වා වදාළා.

"මහණෙනි, ගොඩාක් ඉස්සර බරණැස්පුරේ බ්‍රහ්මදත්ත නමින් රජ්ජුරු කෙනෙක් රාජ්‍ය විචාරමින් සිටියා. ඔය කාලේ මහා බෝධිසත්වයෝ පුරෝහිත බ්‍රාහ්මණයාගේ පුත්‍රස්ථානයේ උපන්නා. නිසි කලවයසේදී තක්සිලාවට ගොහින් සියලු ශිල්ප ශාස්ත්‍ර හදාරා නැවතත් බරණැසට පැමිණියා. සිය පියාගේ ඇවෑමෙන් පුරෝහිත තනතුරට පත්වුනා. බරණැස් රජුගේ අර්ථ ධර්ම අනුශාසකවරයා වශයෙන් සේවය කළා. රජතුමා පුරෝහිතට හිතවත්ව සිටීම ගැන අකැමති වූ පිරිස සිටියා. ඔවුන් නොයෙක් කේළාම් බස් කියා පුරෝහිත කෙරෙහි රජතුමා තුළ තිබුනු හිතවත්කම පලුදු කළා. රජතුමාව කෝපයට පත්කළා. රජතුමාත් ඔවුන්ගේ බස් අදහාගෙන "තොප මා සමීපයේ නොවැසිය යුතුයි" කියා බෝධිසත්වයන්ව බරණැස් රාජ්‍යයෙන් පිටුවහල් කළා. බෝධිසත්වයෝ අඹුදරුවන් ද රැගෙන කසී රටේ ඈත පිටිසර ගමකට ගිහින් වාසය කළා.

කලක් යද්දී රජතුමාට සත්‍ය වැටහුනා. පුරෝහිත බ්‍රාහ්මණයාගේ ගුණ මතක් වෙන්ට පටන් ගත්තා. 'මං වෙනත් කවුරුන් හෝ යවා අපගේ ආචාර්යපාදයන්ව ගෙන්වා ගැනීම හරි මදි. එක් ගාථාවක් ලියා, කපුටු මසකුත් පිසවා, ඒ දෙක සුදු වස්ත්‍රයෙන් මනාව ඔතා, රාජ

මුද්‍රාව තබා යවන්ට ඕනෑ. ඉදින් මාගේ ආචාර්යපාදයෝ නැණවතෙක් නම් මං යවන ගාථාවේ අරුත වටහා ගනීවි. එවා තිබෙන්නේ කපුටු මසක් බවත් වටහා ගනීවි. මා වෙත පැමිණේවි. මා යවන දෙයෙහි අර්ථය නොවැටහුනොත් එන එකක් නෑ' කියලා මේ ගාථාව ලිව්වා.

ගඟ උතුරා ගලා යද්දී ඉවුරේ සිට ගෙල හරවා
- බොන පිරිසක් ඉන්නවා
තිරිඟු යාය සරු වූ විට ඒ තුළ රිංගා ගන්නා
- පිරිසක් ලොව ඉන්නවා
දුර ගිය ප්‍රිය පුද්ගලයා යළි එන බව සලකුණු කොට
- කියන කපුටො ඉන්නවා
බ්‍රාහ්මණය ඔබට එවන මෙය අනුභව කළ විට
- මේ මොනවාදැයි දන්නවා

මේ ගාථාව ලියූ රජ්ජුරුවෝ පිසින ලද කපුටු මසත් සමඟ පුරෝහිත බ්‍රාහ්මණයා වෙත පිටත් කළා. මෙය ලද බෝසත් පුරෝහිතයා එහි අර්ථය හොඳින් දැනගත්තා. කපුටු මස එවන ලද්දේ අනුභව කිරීමට නොව තමන්ට එන්ට කියා පණිවිඩයක් වශයෙන් බව තේරුම් ගත්තා. තේරුම්ගෙන බෝධිසත්වයෝ මේ ගාථාව කිව්වා.

කපුටු මසක් ලද විටදිත් එය පිස මා වෙත එවන්ට
- අනේ රජුත් සිතුවේ
හංස කොවුල් මොණර මසක් ලද විට
- මා අමතක වෙන බවක් රජුට නැතිවේ
ඉතින් අපේ රජතුමාට එබඳු මසක් ලදහොත්
- නිතැතින් ම මාව මතක් වේ
රජුට මාව මතක නිසා එහෙනම් මම
- රජු බලන්ට හනිකට යා යුතු වේ

මෙහෙම කියා බෝධිසත්වයෝ රජතුමා බැහැදකින්ට ගියා. රජු ගොඩාක් සතුටුවෙලා නැවතත් බෝධිසත්වයන්ව පුරෝහිත තනතුරේ පිහිටෙව්වා. එදා රජ්ජුරුවෝ වෙලා සිටියේ අපේ ආනන්දයෝ. පුරෝහිත වෙලා සිටියේ මම යි" කියා භාග්‍යවතුන් වහන්සේ මේ ජාතකය නිමවා වදාළා.

05. කච්ඡප ජාතකය

කට නිසා වැනසීගිය ඉබ්බාගේ කතාව

පින්වතුනේ, පින්වත් දරුවනේ,

කට නිසා ලෝකයේ බොහෝ අය නොයෙක් කරදර කම්කටොලු ඇති කරගන්නවා. අනවශ්‍ය දේ කතා කරන්ට ගොහින්, නොදන්නා දේට කට දමන්ට ගොහින්, කරුණු නොසොයා නොබලා ගුණවතුන්ව විවේචනය කරන්ට ගිහින් භයානක අකුසල් රැස්කරගන්නවා. මරණින් මතු නිරයේ උපදිනවා. කට නිසා සංඝභේද කරගන්නා අය ඉන්නවා. කට නිසා ආර්යෝපවාද අකුසල කරගන්නා අය ඉන්නවා. මෙයත් එබඳු අවාසනාවන්ත පුද්ගලයෙකු ගැන කතාවක්.

ඒ දිනවල අපගේ භාග්‍යවතුන් වහන්සේ වැඩ වාසය කොට වදාළේ සැවැත්නුවර ජේතවනයේ. ඒ කාලයේ කෝකාලික නගරයේ කෝකාලික සිටුතුමාගේ පුත්‍රයෙක් භාග්‍යවතුන් වහන්සේ ළඟ පැවිදි වී සිටියා. මොහුත් නමින් කෝකාලික. මේ කෝකාලික අපගේ සැරියුත්-මහමුගලන් අගසව් දෙනම වහන්සේට නිතර නිතර තමන් සිටින ප්‍රදේශයට වඩින්ට කියමින් පෙරැත්ත කළා. ඒ කෝකාලික වාසය කළේ තම පියා වන කෝකාලික සිටුතුමා විසින් කරවන ලද විහාරයේ.

ඉතින් චාරිකාවේ වඩින අතරේ අපගේ දෑගසව්වන් වහන්සේලා කෝකාලිකගේ තැනටත් වැඩම කොට වස් වැසුවා. ආයෙමත් චතාවක් මහත් භික්ෂු පිරිසක් සමඟ වැඩම කළා. ඒ ඒ අවස්ථාවලදී දෑගසව්වන් වහන්සේලාට පිරිකර පූජා කිරීමට කෝකාලික තෙමේ තම දායකයන්ව පෙළඹෙව්වා. ඔහු සිතුවේ ඒ පිරිකර භාරගෙන තමන්ට දේවි කියලයි. නමුත් දෑගසව්වන් වහන්සේලා ඒ පිරිකර භාරගෙන භික්ෂූන්ට බෙදා දුන්නා. මේ නිසා කෝකාලික තුළ අපගේ දෑගසව්වන් වහන්සේලා කෙරෙහි බලවත් වෛරයක් හටගත්තා. සාරිපුත්ත-මොග්ගල්ලාන රහතන් වහන්සේලාට නොයෙක් අයුරින් බැණවදින්ටත්, අපහාස කරන්ටත් පටන් ගත්තා. භාග්‍යවතුන් වහන්සේ කෝකාලිකට නොයෙක් අයුරින් අවවාද කළා. ඒ කිසි අවවාදයක් ගණන් ගත්තේ නෑ. වෛර සිතින් ම සිටියා. ඒ නිසා ම මොහු බලවත්ව රෝගාතුරව මරණයට පත්ව පදුම නමැති බිහිසුණු නිරයේ උපන්නා.

මොහුට සිදුවූ මේ අවාසනාවන්ත ඉරණම ගැන භික්ෂූන් වහන්සේලා දම්සභා මණ්ඩපයේ කතාකරමින් සිටින අතරේ අපගේ භාග්‍යවතුන් වහන්සේ එතැනට වැඩම කොට වදාළා. භික්ෂූන් වහන්සේලා තමන් කතා කරමින් සිටි කරුණ භාග්‍යවතුන් වහන්සේට සැලකළා. භාග්‍යවතුන් වහන්සේ මෙසේ වදාළා.

"මහණෙනි, කෝකාලික කට නිසා වැනසුනේ මේ ආත්මේ විතරක් නොවේ. මීට කලින් ආත්මෙකත් කට නිසා වැනසුනා" කියා මේ අතීත කතාව ගෙනහැර දක්වා වදාළා.

"මහණෙනි, ගොඩාක් ඉස්සර කාලෙක බ්‍රහ්මදත්ත නමින් රජ්ජුරු කෙනෙක් රාජ්‍ය කරමින් සිටියා. ඔය කාලේ

බෝධිසත්වයෝ අමාත්‍ය පවුලක උපන්නා. වියපත් වූ විට රජුගේ අධර්ම ධර්ම අනුශාසක සේවයේ යෙදුනා. ඒ රජ්ජුරුවෝ නිතර අනවශ්‍ය කතාවෙන් ඉන්න කෙනෙක්. පමණ ඉක්මවා කතා කරන කෙනෙක්. ඔහු කතා කරන්ට පටන් ගත් විට වෙන කෙනෙකුට කතා කරන්ට අවස්ථාවක් දෙන්නේ නෑ. රජ්ජුරුවන්ව මේ දුර්වලකමින් බේරාගන්නේ කොහොම දැයි බෝධිසත්වයෝ නිතර කල්පනා කරමින් සිටියා.

ඔය කාලේ හිමාලයේ එක්තරා විලක ඉබ්බෙක් වාසය කළා. ඔය විලට හංස පැටව් දෙන්නෙක් ගොදුරු සොයාගෙන පියඹා එනවා. එහෙම ඇවිත් ඉබ්බාත් සමඟ හිතවත් වුනා. දැඩි හිතවත්කම නිසා දවසක් හංසපැටව් ඉබ්බාට මෙහෙම කිව්වා.

"ප්‍රිය මිත්‍ර ඉබ්බෝ.... අපගේ මේ හිමාලයේ චිත්‍රකූට පර්වතය මුදුනේ කසුන් ගුහාවේ වාසයට සුදුසු හරි ලස්සන තැන් තියෙනවා. ඔයා අපිත් එක්ක එහෙ යන්ට කැමති ද?"

"අනේ මං කොහොමෙයි යන්නේ?"

"අපිට පුළුවනි ඔයා අරගෙන යන්ට. හැබැයි ඉතින් ඔයා තමන්ගේ කට පරිස්සම් කරගත්තොත් තමයි. කට ඇර මොකවත් ම කතා නොකර සිටියොත් නම් ඔයාටත් අපිත් එක්ක යන්ට ඇහැකි."

"අනේ ස්වාමී.... කොයිතරම් දෙයක් ද! එහෙනම් මාවත් එහෙට එක්කරගෙන යන්ට."

"හොඳා.... එහෙනම් ඔයා අපේ අවවාදය හොඳින් ම පිළිපදින්ට ඕනෑ හොඳේ!" කියලා හංසපැටව් දෙන්නා එක් ලී දණ්ඩක් අරගෙන ඒ දෙපැත්තෙන් හොටෙන්

අල්ලා ගත්තා. ඉබ්බාට හොඳට හයියෙන් ඒ ලීය මැදින් කටින් අල්ලාගන්ට කිව්වා. දැන් හංස පැටව් දෙන්නා ලීයත් හොටින් අල්ලාගෙන අහසට පැන නැංගා. පියාඹා ගියා. හංසයෝ දෙන්නා ගමක් උඩින් යද්දී ගමේ සෙල්ලම් කරමින් සිටි කොලු ගැටව් මේක දැක්කා.

"යාළුවනේ.... ආං බලාපල්ලා.... අන්න බොලේ... වැඩක්! අන්න ඉබ්බෙක් අහසින් යනවෝ" කියලා කෑගසන්ට පටන් ගත්තා. ඉබ්බාට කොලු ගැටවුන්ගේ කතාව ඇසී හොඳටම කේන්ති ගියා. 'හහ්.... මේකුන්ට මොකොටද මගේ ගමන්. මගේ යාළුවන් නොවැ මාව එක්කරගෙන යන්නේ.... මේ දුෂ්ට කොල්ලන්ට නම් දෙකක් කියන්ට ම ඕනෑ' කියලා කට ඇරියා. හංසයන්ගේ වේගවත් ගමන නිසා ඒ වෙද්දී බරණැස් රජ්ජුරුවන්ගේ රජවාසල උඩින් යමින් සිටියේ. කට ඇරපු ගමන් ඉබ්බාව වේගයෙන් රජ වාසලේ සඳලුතලේ එළිමහන් බිම ආකාස අංගනය මැදටයි වැටුනේ. වැටුනු ගමන් දෙකට පැලී ඉබ්බා මරණයට පත් වුනා. හංසයෝ දෙන්නා දණ්ඩ අත්හැරලා දිගටම පියාඹා ගියා. ඉබ්බෙක් අහසින් වැටිලා දෙකට පැලී මැරුනා යන කතාව හැම තැන ම පැතිරුනා.

රජ්ජුරුවෝ බෝධිසත්වයන් කැටුව ඇමති පිරිස පිරිවරා එතැනට ගියා. "පණ්ඩිතය.... මේ ඉබ්බා කොහොම ද අහසින් මෙතැනට වැටුනේ?"

බෝධිසත්වයන්ට කලක් තිස්සේ රජුට අවවාද කරන්ට බලා සිටි අවස්ථාව උදා වුනා. රජු අමතා මෙහෙම කිව්වා.

"මහරජාණෙනි, වෙලා තියෙන දේ අනුව පෙනෙන්නේ මේ ඉබ්බා තනියම අහසින් ආ ගමනක්

නොවෙයි. මෙයා කුමක් හෝ කටින් දැඩිව අල්ලාගෙන ඉන්ට ඇති. හිමාලයට එක්කරගෙන යන අදහසින් හංසයෝ දෙන්නෙක් දණ්ඩක් දෙපැත්තෙන් අල්ලාගෙන මෙයාව දණ්ඩ මැදින් කටින් අල්ලාගෙන යන්ට කියන්ට ඇති. මෙයා මොකක් හරි දෙයක් ඇහිලා උත්තර දෙන්ට කට අරින්ට ගිහිල්ලයි මේ විපැත්තිය වෙලා තියෙන්නේ.

අපිත් මහාරාජ, මේක පාඩමකට ගන්ට ම ඕනෑ. කටවාචාල කොම නිසා ම යි මේක වෙලා තියෙන්නේ. කට පරෙස්සම් කරගැනීම නොකළොත් අපි කාටත් මෙවැනි දුක්වලට මුහුණ දෙන්ට වෙනවා" කියලා මේ ගාථාවන් කිව්වා.

(1)

දණ්ඩ කටින් තද කරගෙන ඉබ්බා අහසින්
- ගියේ තම කට රැකගත් නිසයි
කට රැකගන්නට නොහැකිව කතා කරන්නට
- ගොහින් මැරුනේ තම කට නිසයි
කට රැකගෙන සිටියා නම් ගමනත් දිගට ම
- යනවා රැකෙන්නේ ම ඒ නිසයි
කට රැකගෙන නොසිටියොතින් කට නිසා ම
- වැනසෙන බව පාඩමකට ගතයුතුයි

(2)

මහරජුනේ කට නිසා ම මොහු වැනසී ගිය බව
- දැන් පැහැදිලිව ම පේනවා
පමණ හැඳින බස් දෙඩීම නිසා කාට වුනත්
- එයින් යහපත ඇති කරනවා
බලන්ට නිරිඳුනි මොහු දෙස කට රැකගන්නට
- බැරි වී අහසින් බිම වැටෙනවා

එනිසා අපි කවුරුත් තම කට රැකගෙන - සිටියෝතින් සැනසීමක් ලැබෙනවා

එතකොට රජ්ජුරුවන්ට තේරුනා මේ පුරෝහිතයා කට රැකගෙන ඉන්ට කියලා කියන්නේ තමාට බව. "ඈ... පණ්ඩිතය.... ඔහේ ඔය උපදේශය ඔතරම් බරසාරෙට කියන්නේ මට ද?"

"මහරජ, මේ උපදේශය කිව්වේ පමණ ඉක්මවා කතා කිරීමේ දෝෂය පෙන්වන්ටයි. ඒක ඔබවහන්සේට හෝ වෙන කෙනෙකුට හෝ ඒ දෝෂය ඇත්නම් බලපායි."

එතකොට රජ්ජුරුවෝ මේ ගැන කල්පනා කර බලද්දී තමාත් කටවාචාලයෙක් බව තේරුනා. එදා පටන් අවශ්‍ය දේ විතරක් කතා කරන්ට ඕනෑ කියලා අදිටන් කරගෙන සංවර වුනා.

මහණෙනි, එදා කට නිසා ජීවිතේ වනසාගත් ඉබ්බා වෙලා සිටියේ කෝකාලික. හංස පැටව් වෙලා සිටියේ මහා තෙරුන් දෙනමයි. රජු වෙලා සිටියේ ආනන්දයෝ. පණ්ඩිත ඇමතියාව සිටියේ මම යි" කියා භාග්‍යවතුන් වහන්සේ මේ ජාතකය නිමවා වදාළා.

06. මච්ඡ ජාතකය

රාගය නිසා විපතට පත්වෙන්ට ගිය මාළුවාගේ කතාව

පින්වතුනේ, පින්වත් දරුවනේ,

කෙනෙකුගේ සිත රාගයෙන් යටවූ විට ඒ නිසා තමන්ට සිදුවෙන අනර්ථය, අයහපත, විපත තේරෙන්නේ නෑ. තමන්ගේ සිතේ කැමැත්ත හටගත් කෙනා පසුපස අන්ධයෙක් වගේ යනවා. සිතේ පවතින මේ දුර්වලකම නිසා ගොඩාක් අයගේ ජීවිතවලට අන්තිමේදී ලැබෙන්නේ ශෝකයත් පසුතැවිල්ලත් විතරයි. එබඳු ඉරණමකට සැකසී සිටි භික්ෂුවක් අපගේ භාග්‍යවතුන් වහන්සේගේ උපකාරය නිසා උතුම් පිළිසරණ ලැබීම ගැනයි මේ කතාව.

ඒ දිනවල අපගේ භාග්‍යවතුන් වහන්සේ වැඩ සිටියේ සැවැත්නුවර ජේතවනයේ. ඔය කාලේ සැවැත්නුවර ජේතවනයේ පැවිදි වී සිටි භික්ෂුවක් තමන්ගේ ගිහිකල බිරිඳගේ පෙළඹවීම නිසා සිවුරු හැර ගිහිවෙන්ට තීරණය කළා. මේ බව දැනගත් භික්ෂූන් වහන්සේලා ඒ භික්ෂුව භාග්‍යවතුන් වහන්සේ වෙත කැඳවාගෙන ගියා.

"ඇයි භික්ෂුව.... පැවිද්දට ඇති ඇල්ම නැතිවෙලා එක්වරම සිවුරු හරින්ට ඕනෑය කියල සිතුවේ? කවුරුන් හෝ ඔබව ගිහි ජීවිතේට පෙළඹෙව්වා ද?"

"එ.... එහෙමයි භාග්‍යවතුන් වහන්ස, අපේ ගෙදර මායියාගෙන් බේරෙන්ට බෑ. දරුවන් අතේ පයිංඩ එවනවා. උඹහැ නැතිව පවුල අනාථයි කියාලා නෝක්කාඩු කියනවා. වෙන එකෙක් සහේට ඇන්න ඇත පිටිසරට යනවාලු... හනේ ... ස්වාමීනී... මට දැන් හීනෙනුත් ඒකිව පේන්ට ගත්තා මේ ළඟකදී පටන්."

"භික්ෂුව.... දැන් හොඳින් සිහි උපදවාගන්ට වෙලාවයි. මේ බිහිසුණු සසර ගමනේදී කලින් ආත්මෙක ඔය ස්ත්‍රිය ඔබව මහා විනාශයකට පමුණුවන්ට ගියා. ඔය ස්ත්‍රිය නිසා ම ඔබ මසුන් මරන්නන්ට අහුවුනා. ගිනි අඟුරු ගොඩේ ඔබව පුළුස්සා මරා කන්ට සූදානම් වෙලා සිටිද්දී නුවණැත්තෙකුගේ උපකාරය නිසා ඔබ බේරුනා" කියලා භාග්‍යවතුන් වහන්සේ මේ අතීත කතාව ගෙනහැර දක්වා වදාළා.

"මහණෙනි, ගොඩාක් ඉස්සර කාලෙක බරණැස්පුරේ බ්‍රහ්මදත්ත නමින් රජ්ජුරු කෙනෙක් රාජ්‍ය විචාරමින් සිටියා. ඔය කාලේ මහා බෝධිසත්වයෝ බරණැස් රජුගේ පුරෝහිතයා වෙලා සිටියේ.

දවසක් ගංගා නම් ගඟෙහි එක්තරා මාළුවෙක් මාළුච්චියකගේ පිටුපසින් ගියා. මාළුච්චී ඉස්සරහින් නට නටා පීනා ගොහින් මිනිසුන් විසින් අටවාපු දැලක් අයිනෙන් වේගයෙන් ලිස්සා ගියා. මාළුවා රාගයෙන් බැඳුනු සිතින් ඈ පසුපස මුළාවෙන් ම ගිය නිසා අර දැලේ පැටලුනා. ඌ ලොකු මාළුවෙක්. මාළු අල්ලන කෙවුලෝ මාළුවාව දැලෙන් උඩට ගත්තා.

"හා!.... මේ ඉන්නේ අපූරු මාළුවෙක්. මේකාව අපි ගිනිඅඟුරු පල්ලේ දමාලා පුළුස්සාගෙන කන්ට ඕනෑ.

මේකාව අමුණාගන්ට ලීයක් උල් කරාපන්” කියලා ප්‍රධාන කෙවුලා කිව්වා. එතෙක් මාළුවා වැල්ලේ දමා තිබුනා. මාළුවාට මේ හැම දෙයක් ම ඇහුනා. නමුත් උගට මතක් වුනේ තමන්ගේ මාළුච්චි ගැන ම යි. ඇ ගැන සිහිකරමින් හඬ හඬා මාළුවා මෙහෙම කිව්වා.

(1)

මේ ගින්නෙ දමා පිළිස්සුවත් මාව
- අනේ ඒ ගැන මට දුකක් නැතේ
ඒ උල් කරනා උලේ මාව ගැසුවෝතින්
- ඒකත් මට කමක් නැතේ
මගෙ හදවත ගිනි ඇවිලෙන වෙනත් දෙයක්
- මට නිතරම මතක් වෙතේ
අනේ මගේ මාළුච්චී වෙන එකෙක් එක්ක
- යන්ට ගියොත් වැඩක් නැතේ

(2)

අනේ මාව රාගෙන් ගිනි ඇවිලෙනවා
- ඈවයි මට සිහිවෙන්නේ
නැතේ සිතට සැනසීමක් උහුලගන්ට
- බැරියෝ සිත දවා තවන්නේ
මයෙ අප්පෝ අනේ මාව බේරාපන්
- ආයෙ දියට දාපන්නේ
රාග සිතින් යුතු අයෙකුට මෙවන්
- දුකක් නම් නොකරාපන්නේ

මේ විදිහට මාළුවා හඬ හඬා සිටිද්දී බෝධිසත්වයෝ ඒ මොහොතේ ගංතෙරේ යමින් සිටියා. මේ මාළුවාගේ දුක් අඳෝනාව ඇසී කෙවුලාට කතාකොට මාළුවාව මරණෙන් නිදහස් කෙරෙව්වා. ආයෙමත් දියට දැම්මා.”

භාග්‍යවතුන් වහන්සේ මේ විස්තරය පවසා උතුම් චතුරාර්ය සත්‍යය දේශනා කොට වදාළා. ඒ දේශනාව අවසානයේ සිවුරු හැර යන්ට සූදානම් ව සිටි භික්ෂුව සෝවාන් ඵලයට පත් වුනා. "මහණෙනි, එදා තමන්ව උගුලේ සිරකොට පැන ගිය මාළුච්චි වෙලා සිටියේ මෙදා මේ භික්ෂුවගේ ගිහිකල බිරිඳ. එදා විරහ දුකින් පීඩිතව වැලපුනු මාළුවා වෙලා සිටියේ මේ භික්ෂුව. ඒ මාළුවා මරණෙන් මුදවා නැවත නදියට මුදා හළ පුරෝහිතයාව සිටියේ මම යි" කියා භාග්‍යවතුන් වහන්සේ මේ ජාතකය නිමවා වදාළා.

07. සෙග්ගු ජාතකය

සෙග්ගු නමැති සිය දියණියගේ සිල් විමසූ උපාසකගේ කතාව

පින්වතුනේ, පින්වත් දරුවනේ,

අපගේ භාග්‍යවතුන් වහන්සේ ජීවමානව වැඩ වසන කාලය දැන් වගේ නොවේ. ඊට ගොඩාක් වෙනස්. ඒ යුගය තේරුම් ගන්ට මේ කතාවෙනුත් පුළුවනි. ඒ කාලේ එක්තරා ගුණවත් උපාසකයෙක් සිටියා. ඔහු තම සුරූපී දියණියව කසාද බන්දලා දෙන්ට සූදානම් වුනා. නමුත් මේ දියණිය ඕනෑම කෙනෙකු සමඟ සිනාවෙමින් කතාකරමින් සිටි නැතැත්තියක්. ඒ නිසා ඒ උපාසක සිතුවේ දියණිය ලෝකය ගැන නොදැන හැමෝමත් සමඟ සිනාවෙන්ට යාමෙන් කුමරි බඹසර වනසාගෙ නවත් ද කියලයි.

දවසක් උපාසක සිය දියණිය කැටුව පලා නෙලන්ට වනේ ගියා. වනේදී දියණියගේ අතින් ඇද්දා. ඈ හොඳටෝම භය වුනා. අනතුරක් කරන්ට එපා කියලා කෑ ගහලා හැඬුවා. එතකොට උපාසක ඇගෙන් ඇහුවා "ඔයා දුව තමන්ගේ චරිතය ආරක්ෂා කරගෙන ද ඉන්නේ?" කියලා. ඈ කිව්වා ඈ ඉතාම පිරිසිදුව කුමරි බඹසර රැකගෙන ඉන්නවා කියලා. එතකොට උපාසක ඒ ගැන ඉතාම සතුටට පත්වුනා. ආපසු නිවසට කැඳවාගෙන ගියා.

දියණියගේ විවාහ මංගල්ලේ ඉතාම ජයට ගත්තා. මඟුල් කටයුතු අවසන් වුනාට පස්සේ ඒ උපාසක භාග්‍යවතුන් වහන්සේව බැහැදකින්ට ගියා. එතකොට භාග්‍යවතුන් වහන්සේ මෙසේ වදාළා.

"උපාසක, සෑහෙන කාලෙකින් මේ පැත්තේ එන්ට බැරි වුනේ ඇයි?"

"අනේ ස්වාමීනී, අපේ දෝණිගේ මංගල්ලේ කටයුතු නිසයි එන්ට අතපසු වුනේ. ස්වාමීනී.... අපේ දූ නිතර කා එක්කත් සිනාවෙන් සිටියේ. ඉතින් ස්වාමීනී, මං මහා භයකින් සිටියේ ඈ කුමරි බඹසර නසාගෙනවත් ද කියලා. මම ඒ ගැන විමසුවා. ඈ බොහෝම හොඳ දැරියක්. ඉතින් මං ඈව දීග දුන්නා. ඒ නිසයි මෙතෙක් දවස් එන්ට බැරි වුනේ."

"උපාසක.... ඔය දැරිය සිල්වත්ව කුමරි බඹසර රැකගෙන සිටියේ මේ ආත්මේ විතරක් නොවේ. කලින් ආත්මෙත් සිල්වත්ව සිටියා. ඒ වගේ ම ඔබ ඔය දියණියගේ සිල් විමසන්ට ගියේත් මේ ආත්මේ විතරක් නොවේ. කලින් ආත්මෙකත් ඔය දේ ම කළා."

"අනේ ස්වාමීනී, මං කලින් ආත්මේ අපේ දූගේ සිල් විමසුවේ කොහොමදැ යි කියා අපට පහදා දෙන සේක්වා" කියලා ඒ උපාසක භාග්‍යවතුන් වහන්සේගෙන් ඉල්ලා සිටියා. භාග්‍යවතුන් වහන්සේ ඒ අතීත කතාව මෙසේ ගෙනහැර දක්වා වදාළා.

"උපාසක.... ගොඩාක් ඉස්සර කාලෙක බරණැස්පුරේ බ්‍රහ්මදත්ත නමින් රජ්ජුරු කෙනෙක් රාජ්‍ය කරමින් සිටියා. ඔය කාලේ මහා බෝධිසත්වයෝ එක්තරා

වනයක රුක් දෙවියෙක්ව උපන්නා. ඒ පළාතේ එක්තරා පලා වෙළෙන්දෙක් සිටියා. ඔහු පලා වර්ග, ලබු, පුහුල් ආදිය වෙළදාම් කොට ජීවත් වුනා. මොහුට සෙග්ගු නමින් දෙවඟනක් වගේ ඉතා ශෝභාසම්පන්න දියණියක් සිටියා. ඈ දකින හැමෝමත් සමඟ කිසි චකිතයක් නැතිව සිනාවෙනවා. කතාබස් කරනවා. අමුතු ලැජ්ජාශීලී බවක් පෙන්නුවේ නෑ.

ඉතින් ඒ පලා වෙළෙන්දා තමන්ගේ දියණිය වෙනත් පළාතක අයෙකුට කසාද බන්දලා දෙන්ට තීන්දු කරගත්තා. නමුත් තම දියණියගේ හැසිරීම් රටාව තමන්ට ලොකු ප්‍රශ්නයක් වුනා. ඔහු මෙහෙම සිතුවා.

'අපේ මේ කෙලී ඉන්නේ හිනාවෙච්චි ගමන්. මට නම් මේ ගැන දැන් සැකයි. කෙල්ලක් වුනාම පාඩුවේ බිම බලාගෙන ඉන්ට ඕනෑ නොවැ. මේ වෙද්දී කෙලී කරදරේක වැටිලා ද කවුදෑ දන්නේ? කෝකවුනත් මං මේ ගැන විමසා බලන්ට ඕනෑ. බැරිවෙලාවත් කෙල්ල කුමරි බඹසර නසාගෙන නම් මං විනාශයි. ඇයි කෙල්ල ගත්තු පවුලෙන් ගැරහුම් ලබන්නේ දෙමාපියන් නොවැ.'

මෙහෙම සිතලා දවසක් සිය දියණිය ඇමතුවා. "දුවේ... ඔය වට්ටියක් ඇන්න වරෙං. පලා ටිකක් නෙලාගන්ට කැලේ යන්ට ඕනෑ" කියලා දූත් සමග වනේට ගියා. ගිහින් කැලේ මැද්දෙදී සිය දියණියගේ අතින් ඇද්දා. එතකොට ම කෙල්ල හොඳටෝම භය වුනා. දෑස් විදහා ගත්තා. හනික අත ගසා දැම්මා. "මයෙ අප්පච්චී...!" කියලා හයියෙන් හඬන්ට පටන් ගත්තා. එතකොට ඔහු තම දියණියට මෙහෙම කිව්වා.

(1)

මේ ලෝකේ සියලු දෙනා කාමසැපය
- අත්විඳින්ට ආසාවෙන් ඉන්නේ
සෙග්ගු දුවේ ඒ ලාමක දේ ගැන නුඹ
- හරි හැටියට නෑ තවමත් දන්නේ
කුමරියකගෙ ඇති බඹසර රැකගෙන
- නුඹ ඉන්නවා ද කියලයි මා අසන්නේ
මේ වනේදි නුඹේ අතින් මං ඇල්ලූ
- නිසා ද නුඹ හඬන්නේ?

එතකොට කෙල්ල හඬ හඬා ම "අනේ අප්පච්චි, මං කවරදාකවත් නරක විදිහට හැසිරිච්චි එකියක් නෙවෙයි. මනුස්සකමට යි මං හැමෝමත් එක්ක හිනා වුනේ. කුමරි බඹසර ආදරෙන් රැකගෙනයි මං ඉන්නේ" කියලා ඈ මේ ගාථාවෙන් පිළිතුරු දුන්නා.

(2)

දුකට වැටුනු අයෙක් පිහිට සොයාගෙනයි
- එතැනට එන්නේ
මගේ පියා මේ වනේදි තම දුව හට
- මිත්‍රද්‍රෝහි කමයි කරන්නේ
මහවනයේ ඈ තනියම කාට ද මේ දුක
- පවසා හඬා කියන්නේ
පිහිට ලැබෙන තැනින් ම නොවැ දියණියකට
- බලත්කාර කමක් කරන්නේ

එතකොට පියා මෙහෙම කිව්වා. "නෑ දුවේ.... මං බලාත්කාරකමක් කොරන්ට නොවෙයි අතින් ඇල්ලුවේ. නුඹේ චරිතය පිරික්සා බලන්ටයි.... හා.... දැන් යමං.... මට

දැන් කිසි භයක් නැතිව නුඹේ කසාදේ කරලා දෙන්ට පුළුවනි" කියලා පලා වෙළෙන්දා සිය දියණිය කැටුව ගෙදර ගියා. හොඳින් කසාදේ කරලා දුන්නා.

මෙය වදාළ භාග්‍යවතුන් වහන්සේ චතුරාර්ය සත්‍ය ධර්මය දේශනා කොට වදාළා. ඒ දේශනාව කෙළවර ඒ උපාසක සෝවාන් ඵලයට පත් වුනා. "මහණෙනි, එදා දියණිය ම යි මෙදා දුව. ඒ පියා ම යි මෙදාත් පියා. මෙය දැසින් දුටු රුක්දෙවියා ව සිටියේ මම යි" කියා භාග්‍යවතුන් වහන්සේ මේ ජාතකය නිමවා වදාළා.

08. කූටවාණිජ ජාතකය
කපටි වෙළෙන්දාගේ කතාව

පින්වතුනේ, පින්වත් දරුවනේ,

මේ ලෝකයේ මහා කපටි මිනිස්සු ඉන්නවා. ඔවුන් බොරු සිනාවෙන්, චාටු බස් කීමෙන් යාළු මිත්‍රයන් ඇති කරගන්නවා. අවංක මිනිස්සු ඔවුන්ට රැවටෙනවා. ඔවුන් සමඟ ගනුදෙනු කරන්ට පෙළඹෙනවා. මේ තුළින් ඒ කපටි මිනිස්සු තමන්ගේ යටි අදහස් ඉටු කරගන්නවා. ඒ ජාතියේ මිනිස්සු එදත් වාසය කළා. මේ එබඳු කතාවක්.

ඒ දිනවල අපගේ භාග්‍යවතුන් වහන්සේ වැඩ වාසය කොට වදාළේ සැවැත්නුවර ජේතවනයේ.

සැවැත්නුවර එක්තරා කපටි වෙළෙන්දෙක් වාසය කළා. මොහු ඉතා අවංක වෙළෙන්දෙක් සමඟ හිතවත් වුනා. ඉතින් මේ දෙන්නා එකතුවෙලා ගැල් පන්සියයක බඩු පුරවාගෙන වෙළඳාමට ඈත පළාතකට ගියා. වෙළඳාමෙන් සෑහෙන්ට ලාභ ලැබුනා. නැවත සැවැත්නුවරට පැමිණියා.

අවංක වෙළෙන්දා කපටි වෙළෙන්දාට මෙහෙම කිව්වා. "මිත්‍රයා.... මෙවර අපේ වෙළඳාම් සෑහෙන්ට සාර්ථක වුනා නේද. ඉතින් එහෙනම් ලාභය දෙන්නාට ම සමසේ බෙදන්ට."

කපටි වෙළෙන්දා මෙහෙම හිතුවා. 'මේ වෙළඳාම නිසා මොහු සෑහෙන කාලයක් නින්දක් නැතිව හරි හමන් කෑමක් බීමක් නැතිව බොහෝ වෙහෙසට පත්වෙලා නොවැ ගෙදර යන්නේ. දැන් ගෙදර ගොහින් හොඳට සූප ව්‍යංජන සමග කුස පුරා බත් අනුභව කරාවි. ඒක දිරවා ගන්ට බැරිව මැරිල යාවි. එතකොට මේ සියලු ලාභය මට නොවැ' කියලා හිතාගෙන මෙහෙම පිළිතුරු දුන්නා.

"මිත්‍රය.... අද ලාභ බෙදන්ට සුදුසු නැකතක් නෑ. අද මහ නරක දවසක්. අපි හෙට බෙදමු." එතකොට අවංක වෙළෙන්දා නිහඬව ඒකට එකඟ වුනා. නමුත් මොහු පසුවදා ලාභය බෙදා දුන්නෙත් නෑ. දිගින් දිගට ම මොනවා හරි කියලා මගහරිනවා. අවංක වෙළෙන්දාට වැඬේ තේරුනා. එතකොට මොහු කපටි වෙළෙන්දාට නැවත නැවත කියා තර්ජනය කොට ලාභය බෙදා ගැනීමට පොළඹවා ඉතා ආයාසයකින් තමන්ගේ කොටස ලබාගත්තා.

දවසක් ඒ අවංක වෙළෙන්දා සුවඳමල් ආදිය ගෙන අපගේ භාග්‍යවතුන් වහන්සේව බැහැ දකින්ට ජේතවනයට ගියා. ගිහින් භාග්‍යවතුන් වහන්සේට වන්දනා කොට එකත්පස්ව වාඩිවුනා. භාග්‍යවතුන් වහන්සේ ඔහු අමතා වදාළා. "උපාසක.... සැවැත්නුවර ආවේ කවදා ද?" "අනේ ස්වාමීනී.... දැන් මම ඇවිත් දෙසතියක් වුනා. මෙවර මං වෙළඳාමේ ගොහින් තියෙන්නේ මහා කපටි වෙළෙන්දෙක් එක්ක නොවැ. මං ආවට පස්සේ මගේ ලාභ කොටස ලබාගන්ට මට හරියට ඔහු සමඟ ඔට්ටු අල්ලන්ට සිදු වුනා."

"උපාසක.... ඔය පුද්ගලයා කපටි කමින් වෙළදාම් කළේ මේ ආත්මේ විතරක් නොවේ. මීට කලින් ආත්මෙකත් ඔහොම තමයි."

"අනේ ස්වාමීනී.... කලින් ආත්මේ මේ කපටි වෙළෙන්දාගේ කතාව කියාදෙන සේක්වා!" කියලා මොහු අපගේ භාග්‍යවතුන් වහන්සේගෙන් ඉල්ලා සිටියා. භාග්‍යවතුන් වහන්සේ භවයෙන් වැසී ගොස් තිබූ ඒ යටගිය කතාව ගෙනහැර දක්වා වදාළා.

"උපාසකය, ගොඩාක් ඉස්සර කාලෙක බරණැස්පුරේ බ්‍රහ්මදත්ත නමින් රජ්ජුරු කෙනෙක් රාජ්‍ය විචාරමින් සිටියා. ඔය කාලේ මහාබෝධිසත්වයෝ අමාත්‍ය පවුලක උපන්නා. වයස මුහුකුරා ගියාට පස්සේ බෝධිසත්වයෝ ඒ රාජ්‍යයේ විනිශ්චය අමාත්‍ය බවට පත් වුනා. ඔය කාලේ ගමේ වෙළෙන්දෙකුයි නගරයේ වෙළෙන්දෙකුයි ඉතා කුළුපග මිතුරන්ව සිටියා. දවසක් ගමේ වෙළෙන්දා යකඩ පතුරු පන්සීයක් ගෙනැවිත් නගරයේ වෙළෙන්දා ළඟ තියලා ගියා. නගරයේ වෙළෙන්දා ඒ යකඩ පතුරු පන්සියය විකුණා මුදල් ගත්තා. යකඩ පතුරු තිබුනු තැන මී බෙටි විසිරෙව්වා.

ටික දවසකින් ගමේ වෙළෙන්දා ඇවිත් තමන් තබාගිය යකඩ පතුරු ඉල්ලුවා. යකඩ පතුරු තිබුන තැනට ගිය නගරයේ වෙළෙන්දා මෙහෙම කිව්වා. "අයියෝ.... මිත්‍රයා.... මේ බලන්ට. ඔහේ තියලා ගිය යකඩ පතුරු ඔක්කෝම මීයෝ කාලා නොවැ.... ෂාහ්.... මටත් ටිකක් සොයා බලන්ට බැරිව ගියා. කොහේද මේ මීයන්ගෙන් මොකවත් බේරාගන්ට බෑ නොවැ.... මේ.... මේ බලන්ට.... උන් යකඩ පතුරු ඔක්කෝම කාලා හිටං බෙටි දමාලා ගිහින් තියෙන හැටි."

ගමේ වෙළෙන්දාට මොහුගේ වංචාව තේරුනා. ඔහු මෙහෙම කිව්වා. "හයියෝ.... මොනා කරන්ට ද එහෙනම්. මීයෝ කාලා ගියා නම් ඉතින් මට ම යි පාඩු!" කියලා නිහඬ වුනා. එදා ඔහු කපටි වෙළෙන්දාගේ පුත්‍රයා සමඟ ගඟට නාන්ට ගියා. ගිහින් නාගෙන එන ගමන් වෙනත් යාළුවෙකුගේ ගෙදර ගියා. ඔහුට මෙහෙම කිව්වා. "යාළුවා.... මේ වෙලාවේ ඔබෙන් මට උදව්වක් ඕනෑ. මං කොලු පැටියෙක් එක්කරගෙන ආවා. ඒකාව මේ ගෙයි ඇතුළු කාමරේක නවත්වාගන්ට ඕනෑ. කොහේවත් යන්ට දෙන්ට එපා ඕං. මං ඒකව එක්කරගෙන යන්ට එනකල් ඔහෝම තියාගන්ටකෝ." එතකොට ඒ යාළුවාත් වැඩේට එකඟ වුනා. මොහු තනියම කපටි වෙළෙන්දාගේ ගෙදර ගියා.

කපටි වෙළන්දා මොහු තනියම එන බව දැක්කා. "කෝ මගේ කොලුවා?" "හනේ යාළුවා.... බලන්ට වෙච්චි ඇබැද්දිය. මං ළමයාව ගං ඉවුරෙන් තියාලා ගඟට බැහැලා වතුරේ කිමිදුනා. එතකොට ම උකුස්සෙක් ඇවිත් ඔහේගේ පුතාව නියපොතුවලින් පටලවාගෙන අරං ගියා නොවැ. මං ඉතින් ගොඩට ඇවිත් කෑ ගැහුවා. ගල්වලින් ගැහැව්වා. කොහේද... වැඩක් වුනේ නෑ.... මට දරුවා බේරාගන්ට බැරි වුනා."

"මේ.... තෝ.... බොරු කියන්ට එපා. මට මයේ කොලුවා දීපිය. ඔය තරම් ලොකු ළමයෙකු උස්සාගෙන යන්ට ඇහැක් උකුස්සෝ කොහිද ඉන්නේ?"

"හනේ මිත්‍රයා.... මං මක්කොරන්ට ද? උකුස්සා කොළේ වැරදි වැඩක් තමා.... ඔයාගේ කොලුවා උකුස්සා ම යි අරං ගියේ."

"මේ.... තෝත් එක්ක මගේ යාළුකම් අහවරයි. කියාපිය දුෂ්ටයා... මිනීමරුවා.... අරේ.... දැනගං මං තොට කරන දේ. හ්ම්... යමං රජ වාසලට.... යමං විනිශ්චයකාර ඇමැතිතුමා ළඟට.... මං තෝ කෑලිවලට කඩනවා."

"හොඳා... ඔහේ කැමති දෙයක් කොරන්ට.... යමු.... මාත් වෙච්චි දේ කියන්ඩෑං."

ඉතින් මේ දෙන්නා අධිකරණ ශාලාවට ගිහින් බෝධිසත්වයෝ ඉදිරියේ පෙනී සිටියා. ඉස්සෙල්ලාම කපටි වෙළෙන්දා කතා කළා.

"හනේ.... ස්වාමී.... මේකා මයෙ කොලුවාත් එක්ක ගඟට නාන්ට ගියා. ගොහින් තනියම ආවේ. මයෙ පුතා කෝ කියාලා ඇහැව්වා. අනේ බලන්ට. මේකා කියනවා මයේ පුතාව උකුස්සෙක් ඇන්න ගියාලු. හනේ.... මට මේක විසඳා දෙන සේක්වා."

"හැබෑ ද මේ තැනැත්තා කියන කතාව?"

"එහෙමයි ස්වාමී.... මං කොලුපැටියත් එක්ක ගඟට නාන්ට ගියා. ඒ වේලේ උකුස්සෙක් ඇවිත් කොල්ලාව අරං ගියා."

"හෑ.... මේක හරි අපූරු කතාවක් නොවැ. මේ ලෝකේ උකුස්සෝ ළමයින්වත් උස්සං යනවා?"

"එහෙමයි.... ස්වාමි.... මං තමුන්නාන්සේගෙන් අහන්නේ මේකයි. මේ ලෝකේ උකුස්සන්ට ළමයින්ව අරන් යන්ට බෑලු. එතකොට මීයොන්ට ලොකු යකඩ පතුරු කන්ට ඇහැකි ඒ?"

"හෑ.... ඒ මොකක්ද ඒ කතාව..?"

"අනේ ස්වාමී.... මේ මගේ මිත්‍ර වෙළෙන්දෙක්. මං මෙයාගේ ගෙදර යකඩ පතුරු පන්සියයක් පරිස්සමට තියලා තිබ්බා. මෙයා කියන්නේ ඒ යකඩ පතුරු ඔක්කොම මීයෝ කෑවා කියලා. එහෙම කියලා මට මී බෙටිත් පෙන්නුවා. ඉතින් ස්වාමී.... මීයෝ යකඩ පතුරු කනවා නම් උකුස්සොත් ළමයින්ව උස්සාගෙන යනවා. මීයෝ යකඩ පතුරු කන්නේ නැතිනම් උකුස්සෝ ළමයින්ව උස්සන් යන්නෙත් නෑ. මෙයා කියන්නේ මගේ යකඩ පතුරු ඔක්කොම මීයෝ කෑවා කියලයි. එවුන් ඒවා කෑ නොකෑ බව දන්නා සේක්වා! මටත් මේ ගැන තීන්දුවක් දෙන සේක්වා!"

එතකොට බෝධිසත්වයෝ මෙහෙම සිතුවා. 'හරි... මේ කපටියාට පෙරළා කපටිකමක් කිරීමෙන් ජයගන්ට ඕනෑය යන අදහසිනුයි මොහු මේ කතාව කියන්නේ. මොහු සිතූ විදිහ හොඳා' කියා මේ ගාථාවන් පැවසුවා.

(1)

තක්කඩියා මිතුරාවත් රවටාගෙන
- කන්ට තමයි නිතරම වැඩ කරන්නේ
ඒ කපටියාට කපටිකමක් කිරීමෙන් ම
- පාඩමකුයි උගන්වන්ට හදන්නේ
මී රෑනක් යකඩ පතුරු කා දමලා
- බෙටිත් දමා ගිය බවට යි කියන්නේ
එහෙනම් ඇයි ද උකුස්සො ළමයි අරන්
- අහසට උඩ නොයන්නේ

(2)

මේ කාලේ කපටියාට කපටිකමින් ම යි
- පිළිතුරු දෙන්ට වෙලා තියෙන්නේ

අනුන්ව රවටාගෙන කන මෙහෙම අයට
- මෙහෙම තමයි වැඩ කරන්ට තියෙන්නේ
යකඩ පතුරු නැති කෙනාට ඒවා ආපසු දීලා
- කොලුපැටියා ලබාගන්ට තියෙන්නේ
දරුව නොදී ඉන්ට එපා යකඩ නොදී ඉන්ට එපා
- දෙන්නම හරියට කටයුතු කරන්නේ

බෝධිසත්වයෝ මෙහෙම කියලා දෙන්නාට ම අවවාද කළා. "මේ තැනැත්තාට යකඩ පතුරු වහාම දෙන්ට ඕනෑ. එතකොට දරුවා ලැබේවි." "එහෙමයි ස්වාමී. මං ඒවා දෙන්නම්. මට දරුවා ඕනෑ" "එහෙමයි ස්වාමී. මං දරුවා දෙන්නම්. හැබැයි මට යකඩ පතුරු ඕනෑ." බෝධිසත්වයන්ගේ විනිශ්චයෙන් ගමේ වෙළෙන්දාට යකඩ පතුරු ලැබුනා. නගරයේ වෙළෙන්දාට දරුවා ලැබුනා.

භාග්‍යවතුන් වහන්සේ මේ අතීත කතාව වදාරා "එදා කපටි වෙළෙන්දාව සිටියේ ඔය කපටි වෙළෙන්දා ම යි. ඒ වෙළෙන්දාගෙන් ආපසු යකඩපතුරු ලබාගත් නුවණැති වෙළෙන්දා වුනේ මේ වෙළෙන්දායි. එදා විනිශ්චය අමාත්‍යවරයාව සිටියේ මම යි" කියා භාග්‍යවතුන් වහන්සේ මේ ජාතකය නිමවා වදාළා.

09. ගරහිත ජාතකය

කම්සැපයට ගැරහූ වඳුරන්ගේ කතාව

පින්වතුනේ, පින්වත් දරුවනේ,

කම්සැප සොයා ගොස් නොයෙකුත් දුකට බඳුන්වන බව ලෝකයේ බොහෝ දෙනෙකුට වැටහෙන්නේ නෑ. කම්සුවයෙන් ලැබෙන ස්වල්ප ආශ්වාදය මෙනෙහි කරමින් බොහෝ දුක් විඳින්ට මිනිසුන් පෙළඹෙන්නේ ඒ නිසයි. එබඳු කාමසැපය සතුන් පවා පිළිකුල් කළ බව කියැවෙන කතාවකුයි දැන් කියවන්ට ලැබෙන්නේ.

ඒ දිනවල අපගේ භාග්‍යවතුන් වහන්සේ වැඩ සිටියේ සැවැත්නුවර ජේතවනයේ. ඔය කාලේ සැවැත්නුවර සිටි එක්තරා තරුණයෙක් ඉතා ශ්‍රද්ධාවෙන් බුදුසසුනේ පැවිදි බව ලබා ගත්තා. ටික දවසක් යද්දී ඒ භික්ෂුව ධර්මය පුරුදු කිරීමට උනන්දු වුනේ නෑ. තමන් නොදැනීම තමන්ගේ සිත අසංවර වුනා. ළාමක සිතිවිලි හටගත්තා. ටිකෙන් ටික පැවිද්දට ඇති ආශාව නැතිව ගියා. ආයෙමත් ගිහි ජීවිතයක් ගත කිරීමේ කැමැත්ත ඇතිවුනා. තමන් ඉතා අපහසුවෙන් ඉන්නා බව භික්ෂූන්ට කියා සිටියා. එතකොට භික්ෂූන් වහන්සේලා ඒ භික්ෂුව භාග්‍යවතුන් වහන්සේ වෙත කැඳවාගෙන ගියා. භාග්‍යවතුන් වහන්සේ ඒ භික්ෂුවගෙන් විමසා වදාළා.

"හැබෑ ද භික්ෂුව.... මහා පීඩාවකින් ඉන්නවා කියන්නේ? රාගයෙන් දුක් විඳිනවා කියන්නේ?"

"එහෙමයි ස්වාමීනී.... මගේ සිතේ හරියට ළාමක අකුසල් හටගන්නවා."

"භික්ෂුව, කම්සුව ගැන සිතමින් කෙලෙස් සිතිවිලි සිතීම ළාමක දෙයක් තමයි. ඉස්සර කාලේ තිරිසන් සතුන් පවා කෙලෙස්වලට ගැරහුවා. මෙබඳු බුද්ධ ශාසනයක පැවිදි වූ ඔබ වැනි අයෙක් තිරිසන් සතුන්ගේ පවා පිළිකුළට භාජනය වූ කම්සුව ගැන සිතා පැවිද්දට කලකිරෙන්නේ ඇයි?" කියා අතීත කතාව ගෙන හැර දක්වා වදාළා.

"මහණෙනි. ගොඩාක් ඉස්සර කාලෙක බරණැස්පුරේ බ්‍රහ්මදත්ත නම් රජ්ජුරු කෙනෙක් රාජ්‍ය විචාරමින් සිටියා. ඔය කාලේ මහා බෝධිසත්වයෝ හිමාල වනයේ වඳුරු යෝනියේ උපන්නා. වනේ ඇවිද යන එක්තරා මිනිසෙක් ඒ වඳුරාව අල්ලාගෙන ගිහින් බරණැස් රජ්ජුරුවන්ට දුන්නා. සෑහෙන කාලයක් ඒ වඳුරා රජගෙදරයි ජීවත්වුනේ. ඒ නිසා බොහෝම හොඳට ඇවතුම් පැවතුම් ඉගෙන ගත්තා. මනුස්ස ලෝකයේ මිනිසුන්ගේ ගතිගුණ ගැන සෑහෙන දැනීමක් ලබාගත්තා.

රජ්ජුරුවෝ මේ වඳුරාගේ ඇවතුම් පැවතුම් ගැන පැහැදුනා. වඳුරා දුන් මිනිසාට දවසක් මෙහෙම කිව්වා.

"මේ වඳුරා බොහෝම ගුණ යහපත් සතෙක්. මේ වගේ යහපත් ගතිගුණ ඇති සතෙක් අපි අතරේ රජ ගෙයක සිරවෙලා ඉන්නවාට වඩා වනාන්තරේ නිදහසේ වාසය කරන්ට දෙන්ට මං කැමතියි. ඒ නිසා මේකාව අල්ලාගත්තු වනේට ම ගිහින් දමාපන්."

එතකොට ඒ මිනිසා වඳුරා ගෙනිහින් හිමාල ප්‍රදේශයට නිදහස් කළා. බෝසත් වඳුරාව දුටු වඳුරු පිරිස වහා දුව ඇවිත් වට කරගත්තා. එතකොට බෝසත් වඳුරු රජා ලොකු ගල්තලාවක් උඩට ගිහින් වාඩිවුනා. අනිත් වඳුරු පිරිසත් රැස්වෙලා නොයෙකුත් ප්‍රශ්න අහන්ට පටන් ගත්තා.

"හැබෑට මිත්‍රය.... දැන් ඔයා හරි විශාලයි නොවැ. මෙතෙක් කල් කොහේද ජීවත් වුනේ?"

"හප්පා.... මං හිටියේ බරණැස් රජ්ජුරුවන්නේ රජ ගෙදර."

"ඉතින්.... ඔයා කොහොමද එතැනින් නිදහස් වුනේ?"

"ඒක වුනේ මෙහෙමයි.... ඔන්න මාව ඉතින් මිනිහෙක් ඇවිත් අල්ලා ගත්තා නොවැ. අල්ලාගෙන ගොහින් රජගෙදර රජ්ජුරුවන්ට දුන්නා. එයාලා මාව ඇති දැඩි කළේ සුරතලේට.... ඔව්.... ඉතින් මාත් එයාලගේ සිරිත් විරිත් හොඳ හැටියට ඉගෙනගත්තා. එතකොට රජ්ජුරුවෝ මට පැහැදුනා. 'මේකා බොහෝම හොඳා. මාළිගාවක හිරකරගෙන ඉන්නවාට වඩා වනාන්තරේ නිදහසේ ඉන්ට දීපන්' කියලයි මාව මෙහාට ගෙනත් දැම්මේ."

"හානේ.... එතකොට ඔයා මිනිස්සුන්නේ වැඩ කටයුතු ගැන හොඳ හැටියට දන්නවා ඇති එහෙනම්. අනේ අපටත් ඒ ගැන කියන්ට. අපිත් අහන්ට ආසයි."

"හාපෝ.... මිනිසුන්නේ කල්කිරියාවල් ගැන නම් අහන්ට එපා.... මගේ ඒ ගැන එතරම් මනාපයක් නෑ."

"අනේ එහෙම කියන්ට එපා. අපි ඒ ගැන දැන ගන්ට ආසයි නොවැ."

"ඕං එහෙනම් අහගන්ට.... මිනිස්සු කියන්නේ පුදුම සත්තු ජාතියක්. අපි ක්ෂත්‍රීය, අපි බ්‍රාහ්මණ කියලා එයාලා බෙදිලා ඉන්නේ. මගේ මගේ කියලා හැමදේ ම ආශාවෙන් බදාගෙන ඉන්නේ. නැසී වැනසී යන දේ ගැන කිසිම දෙයක් ඔවුන්ට තේරෙන්නේ නෑ. ඔවුන් හරී මෝඩයි...." කියලා මේ ගාථා කිව්වා.

(1)

රන් රිදී වස්තුව මගේ ය,
- කෙත් වතු ගේ දොර අඹු දරු
- මේ තියෙනා හැම මගේ ය
කියමින් මිනිසුන් දිව රෑ
- ඒ මත්තේ වැලහීගෙන
- දිවිමග යන්නේ දුකේ ය
නුවණැත්තන්ගේ දහමක්
- අසා දරා සිටින බවක්
- මිනිසුන් තුළ නොපෙනුනේ ය
මෝඩ කමින් හැමදේට ම අයිතිවාසිකම් කියාන
- තරඟයකින් ඉන්නා බව
- හැමවිට මතු වී පෙනේය

(2)

අධිපතියන් දෙන්නෙක්
- සිටිනවා ගෙදර ඉන් එකෙකුට
- රැවුල පෙනෙන්නට නැත්තේ
ඔහු හට දෙතනක් ඇත්තේ
- ගොතා දැමූ හැඩරුව ඇති

- වරලසකුත් ඇත්තේ

කන් විදලා කොඩොල් දමා

- සිටින එයා බොහෝ දැවැදි ඇතිවයි

- එහි ගෙන්නාගෙන ඇත්තේ

එයා ආ පටන් හැමෝ ම බැණුම් අහනවා

- එනිසා කිසිකෙනෙකුට එහි

- සැනසීමක් නැත්තේ

එතකොට වඳුරු සේනාව දෑස් තදකොට වසා ගත්තා. කන්දෙක අත්වලින් වසා ගත්තා. "හාපෝ.... ඇති... ඇතී.... හොඳටෝම ඇතී.... මිනිසුන්නේ කෙරුවාවල් ආයෙත් නම් කියන්ට එපා.... අපි නොඇසිය යුතු දෙයක් නොවැ මේ අසන්ට ලැබුනේ... අපි මේ ගල උඩට ඇවිත් ඇසූ දේ නම් හරි නරකයි" කියලා තමන් එය අසා සිටි තැනටත් ගැරහුවා. ඒ ගලට 'ගැරහුම් ලද ගල්තලාව' කියලා නමකුත් දමා එතැනින් වෙනත් ප්‍රදේශයකට ගියා."

භාග්‍යවතුන් වහන්සේ ඉන්පසු චතුරාර්ය සත්‍ය ධර්මය දේශනාකොට වදාළා. ඒ දේශනාව අවසානයේ කාම සිතිවිලි සිතමින් සිටි භික්ෂුව සෝවාන් ඵලයට පත් වුනා. "මහණෙනි, එදා වඳුරු පිරිස වෙලා සිටියේ බුදු පිරිස. වඳුරු රාජයා වෙලා සිටියේ මම යි" කියා භාග්‍යවතුන් වහන්සේ මෙම ජාතකය නිමවා වදාළා.

10. ධම්මද්ධජ ජාතකය
ධර්මධ්වජ බෝසත් පුරෝහිතගේ කතාව

පින්වතුනේ, පින්වත් දරුවනේ,

තමන් කොතරම් යහපත්ව වාසය කළත් ඉතා යහපත් අයටත් නිකරුණේ සතුරු කරදරවලට මුහුණ දෙන්ට සිදුවෙනවා. අපගේ භාග්‍යවතුන් වහන්සේ කුරා කුහුඹියෙකුටවත් වරදක් නොකරන, ලොවට පහළවූ එක ම ඇසක් බඳු මහා කාරුණිකයන් වහන්සේ යි. උන්වහන්සේ කෙරෙහි දෙව්දත් නිකරුණේ වෛර බැඳගත්තා. උන්වහන්සේව වනසා දැමීමේ මහා විකෘති ද්වේෂයකින් පෙළෙමින් නොයෙකුත් හිංසා පීඩා කළා. මේ කතාවෙන් කියැවෙන්නේ එබඳු දෙයක්.

ඒ දිනවල අපගේ භාග්‍යවතුන් වහන්සේ වැඩ වාසය කොට වදාළේ රජගහනුවර වේළුවනයේ. එදා දම්සභා මණ්ඩපයට රැස්වූ භික්ෂූන් වහන්සේලා දෙව්දත්ගේ මේ බිහිසුණු වැඩකටයුතු ගැන මහත් සංවේගයෙන් කතා කරමින් සිටියා. ඒ අවස්ථාවේ අපගේ භාග්‍යවතුන් වහන්සේ එතැනට වැඩම කොට වදාළා. භික්ෂූන් වහන්සේලා තමන් කතා කරමින් සිටි කරුණ ගැන භාග්‍යවතුන් වහන්සේට සැළකළා. භාග්‍යවතුන් වහන්සේ මෙසේ වදාළා.

"මහණෙනි, දේවදත්ත මේ ආත්මයේ තථාගතයන් පසු පසින් වධක චේතනාවෙන් පැමිණෙනවා. පෙර

ආත්මෙකත් ඔය විදිහට ම බෝධිසත්වයන්ව මරා දැමීමේ අදහසින් නොයෙකුත් උපායයන් යොදා කිසිවක් කරගන්ට බැරිව ගියා" කියා මේ අතීත කතාව ගෙනහැර දක්වා වදාළා.

"මහණෙනි, ගොඩාක් ඉස්සර කාලෙක බරණැස්පුරේ පායාසපාණී නම් රජ්ජුරු කෙනෙක් රාජ්‍ය කළා. ඔහුට කාලක නමින් සෙන්පතියෙක් සිටියා. ඔය කාලේ මහා බෝධිසත්වයෝ ධර්මධ්වජ යන නමින් ඔහුගේ පුරෝහිතයා වෙලා සිටියා. ඒ පායාසපාණී රජ්ජුරුවන්ගේ හිස සරසන ඡත්තපාණී නම් කරණවැමියෙක් සිටියා. පායාසපාණී රජතුමා දැහැමිව රාජ්‍යපාලනය කරමින් සිටියා. නමුත් කාලක සෙන්පතියා නඩු විසඳද්දි අල්ලස් ගන්නවා. අනුන්ගෙන් අත පිටුපසින් අල්ලස් අරගෙන අහිමිකරුවන්ව හිමිකාරයෝ කරනවා.

දවසක් නඩුවක් විසඳද්දී මේ කාලක අල්ලස් අරගෙන හිමිකරුවන්ව අහිමිකරුවන් කළා. එතකොට අසාධාරණ තීන්දුවකින් බැට කෑ මිනිස්සු හිසේ අත් ගසමින් හඬ හඬා යද්දී රාජ උපස්ථානයට එමින් සිටි බෝධිසත්වයන්ව දැක්කා. දැකලා ගිහින් පාමුල වැටුනා. "අනේ ස්වාමී.... තමුන්නාන්සේ වැනි උත්තමයෙක් අපේ රජ්ජුරුවන්ට අර්ථයෙන් ධර්මයෙන් අනුශාසනා කරද්දී කාලක සෙන්පති අල්ලස් අරගත්තා. අයිති නැති අයව හිමිකාරයෝ කළා. අපි තමයි හැබෑම අයිතිකාරයෝ. හනේ.... අපේ අයිතිය නැති කළා. අපි මහා අසාධාරණ විදිහටයි නඩුවෙන් පැරදුනේ."

එතකොට බෝධිසත්වයන් තුළ ඔවුන් කෙරෙහි මහත් අනුකම්පාවක් හටගත්තා. "හා.... මිතුරනි.... එන්ට මං මේ ගැන සොයා බලන්නම්" කියා විනිශ්චය ස්ථානයට

ගියා. මහජනයාත් මෙය බලන්ට රැස් වුනා. දෙපක්ෂය ම කැඳවා නඩුව විභාග කළා. සැබෑම හිමිකරුවන්ට දිනුම ලබා දුන්නා. මහජනයා සාධුකාර දුන්නා. ඒ සාධු නාදය අවට ගිගුම් දුන්නා. රජ්ජුරුවෝ මොකක්ද ඒ ශබ්දය කියා සඳළුතලයෙන් බැලුවා. "දේවයන් වහන්ස, අපගේ ධර්මධ්වජ පණ්ඩිතයන් වැරදියට තීන්දුව දීපු නඩුවක් විසඳුවා. සාධාරණය ඉෂ්ට වූ නිසා මහජනයා දුන් සාධුනාදයයි ඒ ඇසුනේ."

රජතුමාත් සතුටු වුනා. ධර්මධ්වජ පණ්ඩිතයන්ව කැඳෙව්වා. "ආචාර්යපාදයෙනි.... නඩුවක් විසඳුවාද?"

"එසේය මහාරාජ, අපගේ කාලකයන් වැරදි විනිශ්චයක් දී තිබූ නඩුවකුයි මං සාධාරණව විසඳුවේ."

"බොහෝම හොඳා.... එහෙනම් අද පටන් ඔබ ම නඩු විසඳීමේ කටයුතු කරන්ට. එතකොට මගේ කනටත් සැපයක් ලැබේවි. මහජනයාටත් යහපතක් වේවි. ඔබතුමා මේ වැඩේට අකැමති බව මට තේරෙනවා. නමුත් මේ මහජනයා ගැන දයානුකම්පා කොට විනිසුරු අසුනෙහි වාඩිවෙන්ට."

එතකොට බෝධිසත්වයෝ එදා පටන් විනිසුරු අසුනේ වාඩිවුනා. ඒ හේතුව නිසා කාලක සෙන්පතිට අල්ලස් ගන්ට බැරිව ගියා. තමන්ගේ ආදායම නැතිවීම නිසා වෛර බැඳගෙන රජ්ජුරුවන්ට ධර්මධ්වජ පණ්ඩිතයන්ට විරුද්ධව හෙමින් හෙමින් කේළාම් කියන්ට පටන්ගත්තා. බෝධිසත්වයෝත් රජ්ජුරුවෝත් අතර තිබුණු හිතවත්කම නැති කළා.

"බලන්ට මහරජුනි.... මං හූනා කියන්නැහේ මේ කියන්නේ, ඔය ධර්මධ්වජ ටිකෙන් ටික ජනතා ප්‍රසාදය

ලබාගන්නා හැටි පේනවා නේද! අන්තිමේදී රජකමත් උන්දෑ අතට යනකල් ම අපිට වැඩේ තේරෙන එකක් නෑ."

"නෑ.... කාලක.... මට නම් කොච්චර කීවත් අපගේ ආචාර්යපාදයන්ගේ එහෙම යටිකුට්ටු බවක් පේන්නේ නෑ."

"ඒ ඔබතුමාගේ අවංකකම නිසා. හරි.... මගේ වචනය විශ්වාස කරන්ට ඕනෑ නෑ.... ධර්මධ්වජයා රාජ සේවයට එන හැටි සීමැදිරි කවුළුව ළඟට ගොහින් බලාගෙන ඉන්ට. මුළු නගරය ම උන්දැගේ අතට පත්වෙමින් තියෙන හැටි තමුන්නාන්සේට ම බලාගන්ට ඇහැකි."

මොහුගේ කතාව අනුව රජතුමා පසුවදා ජනේලයෙන් ධර්මධ්වජ පණ්ඩිතයන් රාජසේවයට එන ආකාරය බලාගෙන සිටියා. හැබෑ නේන්නම්. හැමෝම පුදුමාකාර ගෞරවයක් නොවැ දක්වන්නේ. එතකොට රජ්ජුරුවෝ සිතුවේ ඒ බෝධිසත්වයන්ගේ පැත්ත ගත් පිරිස බවයි. කාලකගේ උපාය සාර්ථක වුනා. රජ්ජුරුවෝ මුළාවට පත්වුනා.

"හරි.... කාලක.... දැන් මං මොකක්ද කරන්නේ?"

"වෙන මොනා කරන්ට ද මහරජ කම්මුතු කිරීම හැර."

"ධර්මධ්වජ පණ්ඩිතයන්ගේ බලවත් වරදක් දකින්ට නැති කොට මං කොහොමද ඒක කරන්නේ?"

"මහරජ.... ඒවාට උපාය ද නැත්තේ... තමන්ට කරගන්ට අමාරු බරපතල කටයුත්තක් භාර දෙන්ට. එය කරගන්ට බැරි වුනාම ඒක වරදක් නොවැ. එතකොට මරා දමන්ට."

"ඉතින්.... මොකක්ද කරගන්ට අමාරු බරපතල වැඩේ?"

"මහරාජ, උයනක් හදනවා කියන්නේ අමාරු වැඩක්. ඒකට සරුසාර බිමක් ඕනෑ. හොඳට ගස් වැල් තියෙන්ට ඕනෑ. මල් පල හටගන්ට අවුරුදු තුන හතරක් යනවා නොවැ. ඔබවහන්සේ උන්දෑ කැඳවලා 'මට හෙට උයන් ක්‍රීඩාවට යන්ට ඕනෑ. අලුතින් ම උද්‍යානයක් හදන්ට' කියා කියන්ට. ඒ වැඩේ උන්දැට දවසකින් කරගන්ට බෑ. එතකොට ඒක රාජ උදහසට කාරණයක්. ඊට පස්සේ මරා දමන්ට පුළුවනි."

මේ අසත්පුරුෂයාගේ අවවාදය පිළිගත් රජ්ජුරුවෝ බෝධිසත්වයන්ව කැඳෙව්වා. "පණ්ඩිතය.... අපි පුරාණ උද්‍යානයේ සෑහෙන කාලයක් උද්‍යාන ක්‍රීඩාවේ යෙදුනා නොවැ. දැන් මට අලුත් ම උද්‍යානයකයි උයන්කෙළියේ යෙදෙන්ට ඕනෑ. හෙට ම. ඔව්. හෙට ම. හැබැයි තොපට හෙට වනවිට ඒ අලුත් උයන හදාදෙන්ට බැරි වුනෝතින් එය තොපගේ ජීවිතයේ අවසානයයි."

රජ්ජුරුවන්ගේ වෙනස බෝධිසත්වයන්ට තේරුනා. මේක කාලකයාට අල්ලස් ගන්ට බැරිවීමෙන් හටගත් වෛරයෙන් වෙන දෙයක් බව වටහා ගත්තා. "හොඳා මහරජ, මං ඒ ගැන සලකා බලන්නම්" කියලා බෝධිසත්වයෝ නිවසට ගියා. ආහාර අනුභව කොට යහනේ සැතපී මෙයට කුමක් කළයුතු දැයි කල්පනා කරන්ට පටන්ගත්තා. එකෙණෙහි සක්දෙවිඳුගේ භවන උණුසුම් වුනා. සක්දෙවිඳු මනුලොව බලද්දී බෝධිසත්වයෝ මහත් සේ පීඩාවට පත්ව සිටින බව දැන සිරියහන් ගබඩාවේ අහසේ පෙනී සිටියා. "පණ්ඩිතය, මොකද ඔය බර කල්පනාවක?"

"කවුද ඔබ?"

"මම සක්දෙවිඳු"

"අනේ දෙවිඳ, අපේ රජ්ජුරුවෝ මට හෙට වෙද්දී අලුතින් ම උයනක් ඉදිකරන්ට කීවා. ඒ ගැනයි මං මේ හිතන්නේ."

"නෑ පණ්ඩිතය, ඒ ගැන සිතන්ට ඕනෑ නෑ. නන්දන වනය, චිත්‍රලතා වනය වැනි අලංකාර උද්‍යානයක් මං මවා දෙන්නම්. කොතැනද මවන්ට ඕනෑ?"

"අසවල් තැන දෙවිඳ."

සක්දෙවිඳු ඒ උයන මවා දෙව්පුරයට ගියා. පසුවදා බෝධිසත්වයෝ උයනට ගොසින් තම දෑසින් ම එය දැකගත්තා. රජ වාසලට ගිහින් රජ්ජුරුවන්ට දැනුම් දුන්නා. රජ්ජුරුවෝ උයන බලන්ට ගියා. හරි පුදුමයි. දහඅට රියන් උස රෝස පාට පැහැයෙන් යුතු ගලින් කළ තාප්පයකින් උද්‍යානය වට කොට තිබුනා. දොරටු අට්ටාල ආදිය ලස්සනට කැටයම් කරලා තිබුණා. මල් පල බරවී අනේක වෘක්ෂ ලතාවන්ගෙන් සැරසී තිබුනා. රජ්ජුරුවෝ කාලකයාගෙන් ඇසුවා.

"කාලකය, පණ්ඩිතයෝ අපගේ වචනය අකුරට ම ඉෂ්ට කොරලා නොවැ. දැන් මොකෑ කොරන්නේ?"

"දැන් මගේ වචනේ ඔබවහන්සේට තේරුනා නේද මහරජ? එක රැයකින් උයනක් මවන්ට පුළුවන් එකාට රාජ්‍ය අල්ලගන්ට පුළුවන් ද බැරි ද?"

"හෝ.... ඒකත් හැබෑව.... එහෙනම් දැන් මොකෑ කරන්නේ?"

"කරගන්ට අමාරු වෙන වැඩක් පවරමු. සත් රුවන් පොකුණක් මවන්ට කියන්ට."

එතකොට රජ්ජුරුවෝ බෝධිසත්වයෝ කැඳවා

සත්රුවන් පොකුණක් මවන්ට කිව්වා. බෝධිසත්වයෝ ඒ වැඩෙත් භාර ගත්තා.... එතකොට සක්දෙවිඳු බෝධිසත්වයන්ට ඉතාමත් අලංකාර සත්රුවන් පොකුණක් මවා දුන්නා. රජ්ජුරුවෝ පොකුණ බලන්ට ආවා. හරිම ලස්සන පොකුණක්. ඒ පොකුණට බහින්ට දොරටු සියයක් තියෙනවා. නැමීම් දහසක් තියෙනවා. තව්තිසාවේ නන්දා පොකුණ වගේ පස් පියුම් පිපී තිබුනා. රජ්ජුරුවන්ට කරගන්ට දෙයක් නෑ.

"කාලකය, දැන් මොකෑ කරන්නේ?"

"ඇයි... දේවයනි, උයනට ගැලපෙන ආකාරයේ ප්‍රාසාදයක් මවන්ට කියන්ට."

එතකොට රජ්ජුරුවෝ බෝධිසත්වයෝ කැඳවා මෙහෙම කිව්වා. "පණ්ඩිතයෙනි, මේ උයනත් අගෙයි, පොකුණත් අගෙයි. එනිසා ඒ දෙකට ගැලපෙන ආකාරයට ඇත් දළ කැටයමින් අලංකාර කළ ප්‍රාසාදයකුත් ඕනෑ. ඒ වැඩේ කොරගන්ට බැරි වුනොත් ඔහේ කම්මුතුයි කියලා හිතාගන්ට."

එතකොට සක්දෙවිඳු ඇත් දත් කැටයමින් සැරසූ අලංකාර ප්‍රාසාදයක් මවා දුන්නා. රජ්ජුරුවෝ ඒ ප්‍රාසාදය දැකලා පුදුමයට පත් වුනා. කාලකයාගෙන් ඇසුවා ඊළඟට මොකක්ද කරන්නේ කියලා. "දේවයනි, ඔය ප්‍රාසාදයට ආලෝකය සැපයෙන මැණිකක් මවන්ට කියන්ට." බෝධිසත්වයන් කැඳවා රජ්ජුරුවෝ ඒකත් කිව්වා. එතකොට සක්දෙවිඳු මැණිකක් මවා දුන්නා. රජ්ජුරුවෝ ප්‍රාසාදයට ඇවිත් ආලෝකය විහිදෙන මාණික්‍යය දැක්කා. අසත්පුරුෂ කාලකයාගෙන් රජ්ජුරුවෝ ගත යුතු ඊළඟ පියවර ගැන ඇසුවා. කාලකයා මෙහෙම කිව්වා.

"මහරජ.... ඔය ධර්මධ්වජ බ්‍රාහ්මණයාට සිතූ පැතූ දේ ලබාදෙන දේවතාවෙක් ඉන්නා බවයි අපට මේකෙන් තේරෙන්නේ. හැබැයි දේවතාවුන්ට මිනිසෙකුව මවන්ට බෑ. ඒ නිසා ඔය උයන පාලනය කරන්ට අංග සතරකින් යුක්ත වූ උයන්පල්ලෙක් මවන්ට කියන්ට. ඕක කරන්ට බෑ ම යි. එතකොට අපේ වැඩේ හරියාවි."

එතකොට රජ්ජුරුවෝ බෝධිසත්වයන් කැඳවා මෙහෙම කිව්වා. "පණ්ඩිතයෙනි, දැන් ඔහේ උයනක් මැව්වා. පොකුණකුත් මැව්වා. ප්‍රාසාදයකුත් මැව්වා. ආලෝකය විහිදෙන මැණිකකුත් මැව්වා. හැබැයි උයන රකින්ට උයන්පල්ලෙක් නෑ නොවැ. දැන් එහෙනම් අංග සතරකින් සමන්විත උයන්පල්ලෙක්ව මවාදෙන්ට ඕනෑ. හැබැයි මේ වැඩේ බැරි වුනොත් තොපගේ අවසානය තමයි."

බෝධිසත්වයෝ ඒකත් පිළිගත්තා. තමන්ගේ නිවසට ගිහින් ආහාර අනුභව කොට යහනේ සැතපුනා. පාන්දරින් අවදිවෙලා ඇඳේ වාඩිවෙලා කල්පනා කළා. 'සක්දෙවිඳු මවා දුන්නේ තමන්ට මවන්ට පුලුවන් දේවල්. නමුත් සතර අංගයකින් සමන්විත උයන්පල්ලෙක්ව මවන එක සක්දෙවිඳුන්ට පුළුවන් කියා මං හිතන්නේ නෑ. අනුන්ගේ අතින් මැරුම් කනවාට වඩා වනේට ගොහින් හුදෙකලාව මැරෙන එක මට උතුම්.'

ඉතින් බෝධිසත්වයෝ කාටවත් ම නොකියා ප්‍රාසාදයෙන් බැහැලා ප්‍රධාන දොරටුවෙන් නගරයෙන් නික්ම ගියා. වනාන්තරේට ගිහින් රුක් සෙවනක වාඩිවෙලා සත්පුරුෂ ධර්මය ගැන කල්පනා කරමින් සිටියා. එතකොට සක්දෙවිඳු කැලේ ඇවිදින කෙනෙකුගේ වේශයෙන් බෝධිසත්වයන් ළඟට ඇවිත් මෙහෙම ඇහුවා.

"බ්‍රාහ්මණය, ඔබ ඉතා සුවසේ වැඩුනු කෙනෙක් බව පේනවා. නමුත් කවරදාකවත් නොදුටු ආකාරයේ දුකකින් වගේ මේ වනේට ඇවිත් කුමක් කරමින් ද මේ වාඩිවී ඉන්නේ?" කියා මේ පළමු ගාථාව පැවසුවා.

(1)

අනේ අපොයි හොඳ සැපසේ වැඩුනු අයෙක්
- නොවේද මේ හුදෙකලාවෙ තනිවෙලා
සෙනඟ ගොඩේ සිටිය අයෙක් වතුරත් නැති
- කැලේ ඇවිත් දුකට පත්වෙලා
ඇයි ද මෙසේ තනියම දැන් මහ වනයක
- රුක් සෙවනේ තදට වෙහෙසිලා
අසරණ වූ කෙනෙක් වගේ මහ බරපතලෙට
- සිතමින් දුකින් බරවෙලා

එතකොට බෝධිසත්වයෝ ඔහුට මේ ගාථාවෙන් පිළිතුරු දුන්නා.

(2)

ඇත්ත මිතුර, හොඳ සැපසේ වැඩුනු අයෙක්
- මං මේ හුදෙකලාවේ තනිවෙලා
සෙනඟ ගොඩේ ඉඳන් ඇවිත් වතුරත් නැති
- කැලේක මේ සිටිමි දුර බලා
අසරණ වූ කෙනෙක් වගේ මහවනයේ රුක් සෙවනේ
- සිතිවිලිවල ඉන්නෙ පැටලිලා
අට ලෝ දහමට නොසැලෙන සත්පුරුෂ දහම ගැන
- මගෙ සිත බරට යොමුවෙලා

එතකොට ඔහු බෝධිසත්වයන්ගෙන් මෙහෙම ඇහුවා. "බ්‍රාහ්මණය, එහෙමනම් ඇයි මෙතැනට වෙලා සිත සිතා ඉන්නේ?"

"මේකනේ මිත්‍රයා... අපේ රජ්ජුරුවෝ මට වැඩක් පැවරුවා. සතර අංගයකින් යුක්ත වූ උයන්පල්ලෙක්ව අරගෙන එන්ටලු. එහෙම අයෙක් කොහොම සොයන්ට ද? ඉතින් මං සිතුවා අනුන්නේ අතින් මැරුම් කනවාට වඩා වනේට ඇවිත් හුදෙකලාව මැරෙන එක සැපයි කියලා. ඒකයි මං මේ ආවේ."

"බ්‍රාහ්මණය, මං සක්දෙව්රාජයා. මං නොවැ ඔබට හැම දෙයක් ම මවා දුන්නේ. නමුත් මට උයන්පල්ලෙකුව මවන්ට බැරි බව ඇත්ත. ඒ වුනාට ඔබ දන්නවා ද ඔය රජ්ජුරුවන්නේ හිස සරසන කරණවෑමියෙක් ඉන්නවා ඡත්තපාණි නමින්. රජ්ජුරුවන්ට ගිහින් කියන්ට සතර අංගයකින් සමන්විත උයන්පල්ලෙක් ඕනෑ නම් ඡත්තපාණිව ගන්ට කියලා. කිසි දේකට භය වෙන්ට එපා." කියලා සක් දෙවිඳු උපදෙස් දී නොපෙනී ගියා.

බෝධිසත්වයෝ ඉතා සතුටින් නිවසට ගියා. හීල ආහාරය අනුභව කළා. රජ ගෙදරට යද්දී රාජ ද්වාරය ළඟ ඡත්තපාණි සිටියා. ගිහින් අතින් අල්ලා ගත්තා.

"මේ මිත්‍ර ඡත්තපාණි... ඔහේ සතර අංගයකින් යුක්තයි නේද?"

"අනේ පුරෝහිතතුමනි, ඔයාට කවුද මං ගැන කිව්වේ?"

"මට සක්දෙවිඳු කිව්වේ ඔයා සතර අංගයකින් යුක්තයි කියලා." මෙහෙම කියලා බෝධිසත්වයෝ ඔහුට ඒ කරුණ පහදා දුන්නා.

"ඇත්ත ස්වාමී... මං සතර අංගයකින් යුක්තයි."

එතකොට බෝධිසත්වයෝ ඡත්තපාණිව අතින්

අල්ලාගෙන රජ්ජුරුවෝ ළඟට ගියා. "මහරජ, මේ ඡත්තපාණි අංග සතරකින් යුක්තයි. උයන්පල්ලෙක් අවශ්‍ය නම් මොහුව උයන්පල්ලෙකු කරවන්ට."

"ම්.... ඡත්තපාණි ඔබ සතර අංගයකින් සමන්විත කෙනෙක් ද? "

"එහෙමයි දේවයන් වහන්ස" කියලා මෙහෙම කිව්වා.

මහරජුනේ, මා සිත තුළ කිසිම දිනක
- ඉරිසියාව නැත හටගන්නේ
ඒ වගේ ම කිසිම දිනක කිසිම සුරා බිඳක්
- දෙතොලේ නොමැත තබන්නේ
කිසිම කෙනෙකු ගැන කිසිවිට මං ඇල්මක්
- නොමැත කරන්නේ
ක්‍රෝධ සිතක් මහරජුනේ කිසිම දිනක
- මගේ සිතේ නැත හටගන්නේ

මහරජුනි.... මාගේ සිතේ කිසිමදාක ඊර්ෂ්‍යාවක් හටගන්නේ නෑ. මං කවරදාකවත් කිසිම සුරාවක් මේ දෙතොලේ තබා නෑ. මං කිසිම කෙනෙකු ගැන කිසිදාක ඇල්මක් උපදවන්නේ නෑ. ඒ වගේම මෙත් සිත මිසක් කවරදාකවත් මං ක්‍රෝධ සිතක් ඇති කරගෙන නෑ. ඕක තමයි මහරජුනේ මා තුළ ඇති සතර අංගය."

එතකොට රජ්ජුරුවෝ මෙහෙම ඇසුවා. "භවත් ඡත්තපාණි, ඔබ ඊර්ෂ්‍යාවෙන් තොර කෙනෙක් ය කියලයි තමන් ගැන කියන්නෙ. එහෙම ඊර්ෂ්‍යාවෙන් තොර බවට පත් වුනේ මොන වගේ දෙයක් නිසා ද?"

"ඒක මෙහෙමයි වුනේ මහරජ්ජුරුවෙනි, පෙර ආත්මෙක මාත් මේ බරණැස් නගරෙ ම රජ කෙනෙක්

වෙලා උන්නා. රටේ කැරැල්ලක් ඇතිවෙලා මට යොදුන් තිස් දෙකක් ඈතට යන්ට වුනා. මං යද්දිත්, කැරැල්ල සංසිඳුවා එද්දිත් යොදුනක් යොදුනක් ගානේ විස්තර දන්වා රාජපුරුෂයන් හැට හතර දෙනෙකුව මගේ බිසොව වෙත එව්වා. එතකොට බිසොව කළේ ඔවුන් සියලු දෙනාත් එක්ක අනාචාරයේ හැසුරුනු එක. අන්තිමේ ඈ ඉතා රූපවත් පුරෝහිත පුත්‍රයාවත් අනාචාරයට පොළඹවා ගන්ට මහන්සි ගත්තා. ඒ වැඩේ බැරි වුනා. එතකොට ඈ බොරු කියලා මාව පුරෝහිත පුත්‍රයාට විරුද්ධව කෝපගැන්නුවා. මාත් කිපිලා පුරෝහිත පුත්‍රයාව හිස ගසා දමන්ට නියම කළා. ඔහු පිටිතල හයා අත් බැඳ සිටියදී මා ළඟට ඇවිත් ඇත්ත විස්තරේ කිව්වා. දේවියගේ අනාචාරය හෙළිදරව් කළා. එතකොට මං අර රාජපුරුෂයන් හැටහතර දෙනාව ම ගෙන්වා වධ නියම කළා. පුරෝහිත පුත්‍රයා මට ඉවසීම ගැනත් වරදට සමාව දීම ගැනත් උපදෙස් දුන්නා. ඊට පස්සේ මං ඔවුන්ව මරණ දඬුවමින් නිදහස් කළා.

මහරජ, එදා මට දහසයදහසක් අන්තඃපුර ස්ත්‍රීන් සිටියා. මං ඔවුන් අත්හැර එකම ස්ත්‍රියකට ක්ලේශ පාශයෙන් බැඳී ගියා. ඇගේ අතෘප්තිය නිසයි මට පුරෝහිතයෙක්ව පවා දඬුවම් පිණිස බඳින්ට වුනේ. තමන් ම හැඳගත් වස්ත්‍රය කිළිටි වුනා වගේ, තමන් ම අනුභව කළ කෑමෙන් හටගත් අශූචියක් වගේ දෙයකට නේද ඊර්ෂ්‍යාව හේතුවෙන් මං කිපුනේ. මෙතැන් පටන් නිවන් දකිනා තෙක් මා තුළ ඊර්ෂ්‍යාව ඇති කරගන්නේ නෑ කියා දැඩිව අධිෂ්ඨාන කරගත්තා. ඒ නිසයි මං දැන් ඊර්ෂ්‍යාවෙන් තොරව ඉන්නේ."

"එතකොට ඡත්තපාණි, ඔබ මත්පැන්, සුරාව නොබී ඉන්ට හේතු වුනේ මොකක්ද?"

"මහරජ, මාත් එක්තරා ආත්මෙක මේ බරණැස ම රජෙක් වෙලා උපන්නා. ඒ කාලේ මට සුරාව නොබී ඉන්ට බැහැ. මස් නැතිව බත් කන්ටත් බැහැ. එදා උපෝසථ දවසක්. නගරයේ මස් ගන්ට තිබුනේ නෑ. අරක්කැමියා කලින් දවසේ මස් ගෙනැවිත් තියෙනවා. ඉතින් ඒක ඔහුගේ ප්‍රමාදයකින් බල්ලෝ කාලා. උපෝසථ දවසේ මස් නැතිව නොයෙක් රසවත් සූප ව්‍යඤ්ජන ඇතිව රාජ භෝජන ඔහු පිළියෙල කළා. හඬාගෙන ගිහින් බිසොවට කිව්වා. "අනේ බිසොවුන් වහන්ස, අද මස් නෑ. මස් නැති භෝජනේ මං කොහොමද පිළිගන්වන්නේ?"

"ආ... ඒකට කමක් නෑ. තොපගේ මහරජු පුංචි රාජකුමාරයාට මහත් සේ ආදරයෙන් යුක්තයි නොවැ. පුත් කුමාරයා දුටු විට එතුමාට තමන් ගැනවත් මතක නෑ. පුතු සිඹිමින් සුරතල් කරනවා. රජතුමාට බත් වඩන වෙලාවට මං පුත් කුමාරයාව සරසා රජුගේ උකුලේ වාඩිකරවන්නම්. පුතු සමඟ සතුටින් ඉන්නා නිසා ඒ වෙලාවට රාජභෝජන පිළිගන්වන්ට."

එදා මං හොඳට ම සුරාව බීලයි හිටියේ. මගේ උකුලෙන් කුමාරයාව තිබ්බා. දරු සුරතල් බලද්දී අරක්කැමියා ඇවිත් බත පිළිගැන්නුවා.

"අද කෝ මස්?"

"දේවයන් වහන්ස, අද උපෝසථ දවස නොවැ. ඉතින් මස් හොයාගන්ට බැරි වුනා."

"හෝ.... මට කොහොමද මස් දුර්ලභ වෙන්නේ?" කියලා වෛරී මතින් ම මං සිඟිත්තාගේ බෙල්ල කඩලා "මේක උයාගෙන වරෙං" කියලා දීලා තියෙනවා. හොඳටම භය වූ අරක්කැමියා හනිකට ගොහින් උයාගෙන ඇවිත්.

මහරජුනි, මං එදා අනුභව කරලා තියෙන්නේ මගේ පුත් කුමාරයාගේ මස්! රජුට ඇති භය නිසා ම කවුරුවත් හඬන්ට වැලපෙන්ට ගිහින් නෑ.

රජ්ජුරුවෝ පාන්දරින් අවදි වෙලා කුමාරයාව අරගෙන එන්ට කියලා. එතකොට දේවි රජු පාමුල වැටී හඬාවැටෙන්ට පටන්ගත්තා.

"ඇයි දේවිය, මේ හඬා වැලපෙන්නේ? මක් වුනා ද?"

"අනේ මහරජ, ඔබ සුරාමදෙන් මත්ව ඊයේ පුත් කුමාරයාව මරා ඒ පුතුගේ මස් සමඟයි බත් අනුභව කළේ" කිව්වා. එතකොට ඒ රජුට දුක උහුලාගන්ට බැරිව හඬා වැලපුනා. මේ හැම විපතක් ම වුනේ සුරාපානය නිසාය කියා සුරාව ගැන අතිශය පිළිකුළක් හටගත්තා. එදා මං කටට පස් පුරවාගෙන 'තිවන් දකිනා තුරා සුරා බිඳක් තොල ගාන්නේ නෑ' කියා අදිටන් කරගත්තා. ඒ නිසයි මං සුරාවෙන් තොරව ඉන්නේ."

"එතකොට ඡත්තපාණී, ඔබ කිසි කෙනෙකු කෙරෙහි ස්නේහයක් නැතිව ඉන්ට පුරුදු වුනේ කොහොමද?

"මහරාජ, ඒකත් අතීත සිදුවීමක් නිසයි වුනේ. මං එක්තරා ආත්මෙක මේ බරණැස්නුවර ම කිතවාස නම් රජව උන්නා. ඔය රජ්ජුරුවන්ට ලස්සන පුත් කුමරෙක් ලැබුනා. අනාවැකි කියන බ්‍රාහ්මණවරු කිව්වා 'මේ කුමාරයා කවදා හරි මැරෙන්නේ වතුර බොන්ට නැතිව' කියලා. ඉතින් රජතුමා පුත් කුමාරයාට ඇති දැඩි ආදරය නිසා නගර දොරටු සතර ළඟ පැන් පොකුණු කෙරෙව්වා. මණ්ඩප කෙරෙව්වා. පැන්තාලි තැබුවා. ඒ කුමාරයාගේ නම දුෂ්ට කුමාරයා. ඔහුට යුවරජ පදවියත් දුන්නා.

දවසක් මොහු සියලු ආභරණයෙන් සැරසී ඇතාපිටේ නගරය ප්‍රදක්ෂිණා කළා. ඒ වෙලාවේ පසේබුදුරජාණන් වහන්සේ නමක් නගරයේ පිඬුසිඟා වඩිනවා. එතකොට මිනිස්සු උන්වහන්සේ දෙස බලාගෙන වන්දනා කරගෙන සිටියා. දුෂ්ට කුමාරයා ගැන සැලකිලිමත් වුනේ නෑ. දුෂ්ට කුමාරයාට මේ ගැන කේන්ති ගියා. ඔහු ඇතා පිටින් බැහැලා පසේබුදුන් වෙත ගිහින් 'එම්බල ශ්‍රමණය, තොපට බත් ලැබුනාද?' කියලා ඇසුවා. 'එසේය කුමාරය' කියලා උන්වහන්සේ පිළිතුරු දුන්නා. එතකොට දුෂ්ට කුමාරයා පාත්තරේ උදුරාගෙන පොළොවේ ගැසුවා. පාවලින් පිණ්ඩපාතය සුනු විසුනු කොට දැම්මා. පසේබුදුන් කුමාරයා දෙස බලා සිටියා. 'ඇයි ශ්‍රමණය, තෝ මං දිහා බලන්නේ? මං තමයි කිතවාස රජ්ජුරුවන්ගේ ඔටුන්න හිමි කුමාරයා. මොකොද තෝ මට මක් කරන්ටද?' කියලා කිව්වා. එතකොට පසේබුදුන් අහසට පැන නැගී හිමාලයට වැඩියා. එසැණින් ම කුමාරයාට පව විපාක දුන්නා. ඔහුගේ උගුර කට වියැලී ගියා. මුළු ශරීරය ම දැවෙන්ට පටන් ගත්තා. "අනේ මට පිපාසයි. මාව ගිනි ගන්නවා. මට අමාරුයි. පැන් අරගෙන වරෙල්ලා" කියලා හැම පැන් කළයක් ළඟට ම දිව්වා. කොහේවත් වතුර තිබුනේ නෑ. මොහොතකින් ඒ සියලු ජලය සිඳී ගියා. ඔහු එතැන ම මැරී වැටුනා. අවීචි මහා නරකාදියේ උපන්නා.

මෙය සැළවූ රජතුමා පුත්‍රශෝකයෙන් හඬා වැටුනා. "අනේ මං මේ දුක් විඳින්නේ ප්‍රිය වූ දෙයක් නිසා නොවේද. නැවත මං කිසිදා පණ ඇති, පණ නැති කිසිම දෙයකට ආශාවක් ඇති කරගන්නේ නෑ" කියලා අධිෂ්ඨානයක් ඇති කරගත්තා. එදා පටන් තමයි මං මෙහෙම ඉන්ට පුරුදු වුනේ."

"ඉතින් ඡත්තපාණි, ඔබ ක්‍රෝධ සිතින් තොරව ඉන්ට පටන්ගත්තේ කොහොමද?"

"මහරජුනි, මං එක් කාලෙක 'අරක' නැමැති තාපසයෙක්ව සිටියා. මං සත් අවුරුද්දක් මෙත් සිත වැඩුවා. සංවට්ට, විවට්ට කල්ප හතක් මං බඹලොව සිටියේ. බොහෝ කාලයක් මෙත් සිතින් උන්න නිසයි මං දැන් ක්‍රෝධ රහිතව ඉන්නේ."

ඔය විදිහට ඡත්තපාණි තමන්ගේ අංග සතර රජතුමාට විස්තර කළා. රජතුමා පිරිසට සංඥාවක් කළා. එතකොට ම ඇමතිවරුත් අනිත් බ්‍රාහ්මණ, ගෘහපති ජනයාත් නැගිට ගිහින් කාලකයා අල්ලාගත්තා. "අරේ දුෂ්ට කාලකයා, තෝ මෙතෙක් කල් වෙහෙසුනේ අපේ පණ්ඩිතයන්ව මරවන්ට නේද?" කියලා අතින් පයින් ගහන්ට පටන්ගත්තා. රාජ ප්‍රාසාදයෙන් බැහැරට පාවලින් ඇදගෙන ගියා. කාලකයා මිනිසුන්ගේ ප්‍රහාරවලින් ජීවිතක්ෂයට පත්වුනා. එතකොට මිනිස්සු ඒ මළකඳ කුණු ගොඩකට වීසි කළා.

මහණෙනි, එදා කාලක සෙන්පති වෙලා සිටියේ අද මේ දේවදත්ත තමයි. ඡත්තපාණි කරණවෑමියාව සිටියේ අපගේ ආනන්දයෝ. සක්දෙව් රජුව සිටියේ අනුරුද්ධ. ධර්මධ්වජ පණ්ඩිතයාව සිටියේ මම යි" කියා භාග්‍යවතුන් වහන්සේ මේ ජාතකය නිමවා වදාළා.

සත්වෙනි බීරණත්ථම්භක වර්ගය යි.

මහාමේඝ ප්‍රකාශන

- **ත්‍රිපිටක පොත් වහන්සේලා :**

01. **දීඝ නිකාය 1 කොටස**
(සීලක්ඛන්ධ වර්ගය)
02. **දීඝ නිකාය 2 කොටස**
(මහා වර්ගය)
03. **දීඝ නිකාය 3 කොටස**
(පාථික වර්ගය)
04. **මජ්ඣිම නිකාය 1 කොටස**
(මූල පණ්ණාසකය)
05. **මජ්ඣිම නිකාය 2 කොටස**
(මජ්ඣිම පණ්ණාසකය)
06. **මජ්ඣිම නිකාය 3 කොටස**
(උපරි පණ්ණාසකය)
07. **සංයුත්ත නිකාය 1 කොටස**
(සගාථ වර්ගය)
08. **සංයුත්ත නිකාය 2 කොටස**
(නිදාන වර්ගය)
09. **සංයුත්ත නිකාය 3 කොටස**
(ඛන්ධක වර්ගය)
10. **සංයුත්ත නිකාය 4 කොටස**
(සළායතන වර්ගය)
11. **සංයුත්ත නිකාය 5 කොටස**
(මහා වර්ගය - 1)
12. **සංයුත්ත නිකාය 5 කොටස**
(මහා වර්ගය - 2)
13. **අංගුත්තර නිකාය 1 කොටස**
(ඒකක, දුක, තික නිපාත)
14. **අංගුත්තර නිකාය 2 කොටස**
(චතුක්ක නිපාත)
15. **අංගුත්තර නිකාය 3 කොටස**
(පඤ්චක නිපාත)
16. **අංගුත්තර නිකාය 4 කොටස**
(ඡක්ක, සත්තක නිපාත)
17. **අංගුත්තර නිකාය 5 කොටස**
(අට්ඨක, නවක නිපාත)
18. **අංගුත්තර නිකාය 6 කොටස**
(දසක, ඒකාදසක නිපාත)
19. **ඛුද්දක නිකාය 1 කොටස**
(ඛුද්දකපාඨ පාළි, ධම්මපද පාළි, උදාන පාළි, ඉතිවුත්තක පාළි)
20. **ඛුද්දක නිකාය 2 කොටස**
(විමාන වත්ථු , ප්‍රේත වත්ථු)

- **ධර්ම දේශනා ග්‍රන්ථ :**

01. කියන්නම් සෙනෙහසින් මිය නොයන් හිස් අතින්
02. තෝරාගනිමු සැබෑ නායකත්වය
03. පැහැදිලි ලෙස පිරිසිදු ලෙස දෙසූ සේක සිරි සදහම්
04. දම් දියෙන් පණ දෙව් විමන් සැප
05. බුදුවරුන්ගේ නගරය
06. සයුර මැද දූපතක් වේ ද ඔබ...?
07. ගිහි ගෙයි ඔබ ඇයි?
08. මෙන්න නියම දේවදූතයා
09. ආදරණීය වදකයා
10. සයුරේ අසිරිය ධර්මයේ
11. විෂ නසන ඔසු
12. සසරක ගමන නවතන නුවණ
13. විස්මිත හෙළිදරව්ව
14. දිළිසෙන සියල්ල රත්තරන් නොවේ
15. අනතුරින් අත්මිදෙන්නට නම්...
16. අතරමං නොවීමට...
17. සුන්දර ගමනක් යමු
18. කවදා නම් අපි නිදහස් වෙමුද?
19. ලෙඩ දුක් වලින් අත්මිදෙමු
20. ලෝකය හැදෙන හැටි
21. යුද්ධයේ සුළමුල
22. රහතන් වහන්සේ මරණින් මතු ඇත නැත
23. නුවණැස පාදන සිරි සදහම්
24. මරණය ඉදිරියේ අසරණ නොවීමට නම්
25. අපේ නව වසර බුද්ධ වර්ෂයයි
26. හේතුවක් නිසා
27. අවබෝධ කළ යුතු ධර්මය මෙයයි
28. සැබෑ බිරිඳ කවුද?
29. පහන් සිළ නිවෙන ලෙස පිරිනිවී වැඩි සේක
30. සසරට බැඳෙමුද සසරින් මිදෙමුද?
31. රහතුන්ගේ ධර්ම සාකච්ඡා
32. සැබෑ දියුණුවේ රන් දොරටුව
33. බලන් පුරවරක අසිරිය
34. මමත් සිත සමාහිත කරමි බුදු සමිඳුනේ...
35. එළිය විහිදෙන නුවණ
36. සැබෑ ශ්‍රාවකයා ඔබද?

37. අසිරිමත් ය ඒ භාග්‍යවතාණෝ...
38. නුවණැත්තෙක් වෙන්නට නම්
39. බුද්ධියේ හිරු කිරණ
40. නිවන්නට භව ගිමන් දෙසූ සදහම් ගිමන්
41. ඒ භාග්‍යවතුන් වහන්සේගේ ශ්‍රාවකයා වෙමි මම
42. සසරක රහස
43. නුවණින් ලොව එළිය කරනා මහා ඉසිවරයාණෝ
44. ස්වර්ණමාලී මහා සෑ වන්දනාව
45. සොඳුරු හුදෙකලාව
46. මග හොඳට තිබේ නම්...
47. මගේ ලොව හිරු මඬල ඔබයි බුදු සමිඳුනේ
48. නුවණැත්තන් හට මෙලොවේ - දකින්ට පුළුවනි සදහම්
49. සිත සනසන අමා දහම්
50. අසිරිමත් සම්බුදු නුවණ
51. ගෞතම සසුනේ පිහිට ලබන්නට...
52. බුදුරජාණන් වහන්සේ කුමක් වදාළ සේක්ද?
53. පින සහ අවබෝධය
54. සැබෑ බසින් මෙම සෙත සැලසේවා !
55. සැපයක්ය එය නුඹට - සැනසෙන්න මෙත් සිතින්
56. අසත්‍යයෙන් සත්‍යයට...
57. කවුරුද ලොව දැකගත්තේ - ඒ සම්බුදු සිරි සදහම්
58. පිරිනිවුණි ඒ රහත් මුනිවරු
59. බාධා ජයගත් මගමයි යහපත්
60. භව පැවැත්මේ සැබෑ ස්වභාවය
61. සුගතියට යන සැලැස්මක්
62. බුදුමුවින් ගලා ආ - මිහිරි දම් අමා දුන්
63. යළි යුගයක් ආවා ලොව සම්බුදු
64. පිනක මහිම
65. බුදු නෙතින් දුටු හෙට දවසේ ලෝකය
66. ජීවිතය දකින කැඩපත ධර්මයයි
67. අකාලික මුනි දහම
68. නිවී පහන් වී සිත් සැනසේවා
69. සුසුමක විමසුම නිවනක ඇරඹුම
70. පිනෙන් පිරුණු සොඳුරු ජීවිතයක්
71. අසිරිමත් දම් රස අමාවන්
72. ලොව දමනය කළ මුනිඳාණෝ
73. නැසෙන වැනසෙන පිතිබිඳුව
74. ගෞතම මුනිඳු මගෙ හිරු සඳු වන සේක
75. දහම් ඇස පහළ විය
76. ශ්‍රේෂ්ඨත්වය සොයා යාම
77. ලෝකයෙන් නිදහස් වීම
78. නුවණැත්තා සිත ඍජු කරයි
79. සිත සනසන බුදුබණ වැටහේවා!

● සදහම් ග්‍රන්ථ :

01. පිරුවානා පොත් වහන්සේ
02. ඔබේ සිත සමඟ පිළිසඳරක්
03. සිතට සුවදෙන භාවනා
04. පින් මතුවෙන වන්දනා
05. ශ්‍රී සම්බුද්ධත්ව වන්දනා
06. සිරි ගෞතම බෝධි වන්දනාව
07. අසිරිමත් පසේබුදු පෙළහර
08. අනේ..! අපේ කථාවත් අහන්න...
09. ධාතුවංශය
10. නුවණැතියන් සද්ධර්මයට පමුණුවන අසිරිමත් පොත් වහන්සේ - නෙත්තිප්පකරණය
11. මහාවංශය

● ජාතක කථා පොත් පෙළ :

01. නුවණ වැඩෙන බෝසත් කථා 1
02. නුවණ වැඩෙන බෝසත් කථා 2
03. නුවණ වැඩෙන බෝසත් කථා 3
04. නුවණ වැඩෙන බෝසත් කථා 4
05. නුවණ වැඩෙන බෝසත් කථා 5
06. නුවණ වැඩෙන බෝසත් කථා 6
07. නුවණ වැඩෙන බෝසත් කථා 7
08. නුවණ වැඩෙන බෝසත් කථා 8
09. නුවණ වැඩෙන බෝසත් කථා 9
10. නුවණ වැඩෙන බෝසත් කථා 10
11. නුවණ වැඩෙන බෝසත් කථා 11
12. නුවණ වැඩෙන බෝසත් කථා 12
13. නුවණ වැඩෙන බෝසත් කථා 13
14. නුවණ වැඩෙන බෝසත් කථා 14
15. නුවණ වැඩෙන බෝසත් කථා 15
16. නුවණ වැඩෙන බෝසත් කථා 16
17. නුවණ වැඩෙන බෝසත් කථා 17
18. නුවණ වැඩෙන බෝසත් කථා 18
19. නුවණ වැඩෙන බෝසත් කථා 19
20. නුවණ වැඩෙන බෝසත් කථා 20

● අලුත් සදහම් වැඩසටහන :

01. දුක් බිය නැති ජීවිතයක්
02. දස තථාගත බල
03. දෙව්ලොව උපත රැකවරණයකි

04. නුවණ වැඩීමට පිළියමක්
05. ලොවෙහි එකම සරණ
06. මෙන්න දුකේ රහස
07. නුවණ ලැබීමට මුල් වන දේ
08. නිවැරදි ලෙස දහම දැකීම
09. මොකක්ද මේ ක්ෂණ සම්පත්තිය?
10. පඤ්ච උපාදානස්කන්ධය
11. ප්‍රඥාවමයි උතුම්
12. නුවණින් විමසීම අපතේ නොයයි
13. පිහිටක් තියෙනවා ම යි
14. කොහොමද පිහිට ලැබගන්නේ...?
15. බුදු නුවණින් පිහිට ලබමු
16. අසිරිමත් දහම් සාකච්ඡා
17. දිව්‍ය සභාවක අසිරිය
18. ආර්ය ශ්‍රාවකයාගේ අවබෝධය
19. අසිරිමත් මහාකරුණාව!
20. විස්මිත පුහුණුව
21. අපට සොඳ ය සියුම් නුවණ
22. දුකෙන් මිදෙන්ට ඕනෑ නැද්ද?
23. නුවණැත්තෝ දකිති දහම

• සදහම් සිතුවම් පොත් පෙළ :

01. ඡත්ත මාණවක
02. බාහිය දාරුචීරිය මහරහතන් වහන්සේ
03. පිණ්ඩෝල භාරද්වාජ මහරහතන් වහන්සේ
04. සුමන සාමණේර
05. අම්බපාලී මහරහත් තෙරණියෝ
06. රට්ඨපාල මහරහතන් වහන්සේ
07. සක්කාර නුවර මසුරු කෝසිය
08. කිසාගෝතමී
09. උරුවේල කාශ්‍යප මහරහතන් වහන්සේ
10. සංකිච්ච මහරහතන් වහන්සේ
11. සුප්පබුද්ධ කුෂ්ඨ රෝගියා
12. නිවී ගිය සේක බුද්ධ දිවාකරයාණෝ
13. සුමන මල් වෙළෙන්දා
14. කාලි යක්ෂණිය
15. මුගලන් මහරහතන් වහන්සේ
16. ලාජා දෙවඟන
17. ආයුවඩ්ඪන කුමාරයා
18. සන්තති ඇමති
19. මහධන සිටුපුත්‍රයා
20. අනේපිඬු සිටුතුමා
21. නන්ද මහරහතන් වහන්සේ
22. මණිකාර කුළුපග තිස්ස තෙරණුවෝ
23. විශාඛා මහෝපාසිකාව
24. පතිපූජිකාව
25. සිරිගුත්ත සහ ගරහදින්න
26. මහාකස්සප මහරහතන් වහන්සේ
27. අහෝ දෙව්දත් නොදිටි මොක්පුර
28. භාගිනෙය්‍ය සංඝරක්ඛිත මහරහතන් වහන්සේ
29. උදලු කෙටිය
30. සාමාවතී සහ මාගන්දියා
31. සිරිමා
32. බිළාලපාදක සිටුතුමා
33. මඝවා නම් වූ සක්දෙව්ඳු
34. ආනන්දය, සර්පයා දුටුවෙහි ද?
35. සුදොවුන් නිරිඳු
36. සුමනා දේවිය

• ඉංග්‍රීසි භාෂාවට පරිවර්තනය වී ඇති ධර්ම දේශනා ග්‍රන්ථ :

01. Mahamevnawa Pali-English Paritta Chanting Book
02. The Wise Shall Realize
03. The life of Buddha for children
04. Buddhism

• ඉංග්‍රීසි භාෂාවට පරිවර්තනය වී ඇති සූත්‍ර දේශනා ග්‍රන්ථ :

01. Stories of Ghosts
02. Stories of Heavenly Mansions
03. Stories of Sakka, Lord of Gods
04. Stories of Brahmas
05. The Voice of Enlightened Monks
06. The Voice of Enlightened Nuns
07. What Does the Buddha Really Teach? (Dhammapada)
08. What Happens After Death - Buddha Answers
09. This Was Said by the Buddha

• ඉංග්‍රීසි භාෂාවට පරිවර්තනය වී ඇති සදහම් සිතුවම් පොත් :

01. Chaththa Manawaka
02. The Great Arhant Bahiya Darucheeriya
03. The Great Arhant Pindola Bharadvaja
04. Sumana the Novice monk
05. The Great Arahath Bikkhuni Ambapali
06. The Great Arahant Rattapala

07. Stingy Kosiya of Town Sakkara
08. Kisagothami
09. Sumana The Florist
10. Kali She-devil
11. Ayuwaddana Kumaraya
12. The Banker Anathapindika
13. The Great Disciple Visākhā
14. Siriguththa and Garahadinna

පූජ්‍ය කිරිබත්ගොඩ ඤාණානන්ද ස්වාමීන් වහන්සේ විසින් රචිත
සියලුම සදහම් ග්‍රන්ථ සහ ධර්ම දේශනා ලබාගැනීමට

ත්‍රිපිටක සදහම් පොත් මැදුර

අංක 70/A/7/OB, YMBA ගොඩනැගිල්ල, බොරැල්ල, කොළඹ 08
දුර : 077 47 47 161 / 011 425 59 87
ඊ-මේල් : thripitakasadahambooks@gmail.com

www.ingramcontent.com/pod-product-compliance
Lightning Source LLC
Chambersburg PA
CBHW060948050426
42337CB00052B/2579
* 9 7 8 9 5 5 6 8 7 1 3 7 1 *